装备维修保障仿真实验理论与方法

杨英杰 封会娟 张 坚 等著

国防工业出版社
·北京·

内 容 简 介

　　基于大型仿真系统研究装备维修保障系统的运行规律，深入探索装备维修保障方案的持续优化与改进方向，无论是理论上还是工程上都具有重要意义。本书针对装备维修保障仿真实验问题，提出以仿真实验设计与分析为手段的解决思路，将装备维修保障仿真实验问题划分为不同研究对象，从装备维修保障仿真实验参数与评价指标、装备维修保障仿真实验设计、装备维修保障仿真实验分析三方面展开研究，在上述关键问题研究的基础上，设计并实现了装备维修保障仿真实验原型系统。本书为装备维修保障仿真实验问题研究提供了一套完整的理论方法，推动并丰富了仿真实验理论与技术的发展。

　　本书可供从事军事装备学、系统仿真、运筹学等相关领域工作的研究人员、工程技术人员及高校学生参考阅读。

图书在版编目（CIP）数据

装备维修保障仿真实验理论与方法 / 杨英杰，封会娟，张坚等著． -- 北京：国防工业出版社，2025.
ISBN 978 - 7 - 118 - 13573 - 2

Ⅰ．E237 - 33

中国国家版本馆 CIP 数据核字第 20251YM824 号

※

国防工业出版社出版发行
（北京市海淀区紫竹院南路 23 号　邮政编码 100048）
北京凌奇印刷有限责任公司印刷
新华书店经售

*

开本 710×1000　1/16　印张 9½　字数 171 千字
2025 年 5 月第 1 版第 1 次印刷　印数 1—1300 册　定价 76.00 元

（本书如有印装错误，我社负责调换）

国防书店：（010）88540777　　书店传真：（010）88540776
发行业务：（010）88540717　　发行传真：（010）88540762

编写组名单

主　　编：杨英杰　封会娟　张　坚
副 主 编：董　岳　张　波　周　慧
参编人员：杨纯艳　李星新　任　帆
　　　　　　侯　娜　梁伟杰　孙志刚
　　　　　　刘俊杰　吕学志　史俊斌

前 言

为适应基于信息系统的体系作战模式的变化，近年来，建制部队承担了大量贴近实战的训练和演习任务，在实践中发现，装备维修保障的优劣直接制约着作战效能的发挥，由此产生了对装备维修保障能力评价的需求。但是，成建制成系统的装备维修保障问题非常复杂，利用解析方法研究十分困难，仿真技术很好地还原了装备维修保障系统运行的内部逻辑和外部交互，成为评价装备维修保障能力的有效手段。

目前，已有不少基于仿真方法开展装备维修保障能力评价的研究，并开发了相应的仿真系统。然而，当前研究重在仿真模型的建立，忽视仿真实验的重要作用。实际上，装备维修保障仿真系统作为复杂离散事件仿真系统，只是实现了装备维修保障系统从现实物理世界到仿真世界的映射，并不能有效探索装备维修保障系统的运行规律，更无法支持装备维修保障方案的持续优化与改进。

本书以装备维修保障方案仿真评价中所面临的工程问题为牵引，立足仿真实验问题的研究现状，基于大型仿真系统探索装备维修保障系统的运行规律，深入研究装备维修保障仿真实验的基本问题，构建起装备维修保障仿真实验研究框架和技术方法体系，可以直接指导装备维修保障仿真实验的实践，为维修保障系统的持续优化与改进提供支持，同时也为其他大型复杂仿真系统的仿真实验问题研究提供借鉴。

本书经历了长时间的理论提炼、工程实践与方法验证，从初稿撰写到即将付梓，凝聚了作者和参与项目相关研究人员的集体智慧，尤其是陆军工程大学于永利教授创造性地提出装备综合保障基础理论及技术的若干问题，书中内容均是在于教授的思路指引下研究获得的。

装备维修保障仿真实验研究涉及问题多、专业知识牵涉广，本书主要以工

V

程上解决装备维修保障仿真实验问题为目标，进行相关理论和技术方法研究。由于作者水平和能力所限，书中存在不完善之处，欢迎读者批评指正并不吝赐教。

作者

2024 年 8 月

目 录

第1章 绪论 ·· 1
  1.1 研究目的和意义 ·· 1
  1.2 国内外研究现状 ·· 3
      1.2.1 装备保障仿真系统研究现状 ··· 3
      1.2.2 军事领域仿真实验研究现状 ··· 10
      1.2.3 仿真实验设计与分析研究现状 ··· 11
      1.2.4 分析与总结 ·· 16
  1.3 本书的主要内容 ·· 17
  1.4 本章小结 ·· 18

第2章 装备维修保障仿真实验问题与分析 ··································· 19
  2.1 装备维修保障仿真实验问题的引入 ······································· 19
  2.2 装备维修保障仿真系统概述 ·· 21
  2.3 装备维修保障仿真实验的相关概念 ······································· 22
  2.4 装备维修保障仿真实验问题分析 ··· 24
      2.4.1 实验的原理 ·· 24
      2.4.2 实验的特点 ·· 25
      2.4.3 实验的基本过程 ·· 26
  2.5 装备维修保障仿真实验研究的关键问题 ································ 29
  2.6 装备维修保障仿真实验的研究框架 ······································· 30
  2.7 本章小结 ·· 33

第3章 装备维修保障仿真实验参数与评价指标 ········ 34

 3.1 装备维修保障仿真实验参数来源分析 ················ 34
 3.2 装备维修保障仿真实验参数全集 ···················· 35
   3.2.1 仿真单元体属性 ······························ 35
   3.2.2 仿真聚合体属性 ······························ 40
 3.3 装备维修保障仿真实验评价指标全集 ················ 46
   3.3.1 面向装备维修保障系统的评价指标 ············ 46
   3.3.2 面向装备保障对象的评价指标 ················ 48
 3.4 仿真实验参数初选 ································ 50
 3.5 备件参数综合 ···································· 52
 3.6 基于实验目的和质量功能展开的实验参数与评价指标确定 ········ 54
 3.7 装备维修保障仿真实验参数构建示例 ················ 60
 3.8 本章小结 ·· 64

第4章 装备维修保障仿真实验设计 ················ 65

 4.1 装备维修保障仿真实验设计问题分析 ················ 65
 4.2 实验设计方法选取 ································ 67
   4.2.1 选取思路 ···································· 67
   4.2.2 正交实验设计 ································ 68
   4.2.3 均匀实验设计 ································ 72
 4.3 单个仿真实验点的仿真运行次数确定 ················ 75
   4.3.1 任务成功率的仿真运行次数确定 ·············· 75
   4.3.2 维修任务完成率的仿真运行次数确定 ·········· 76
   4.3.3 示例分析 ···································· 78
 4.4 实验参数定量筛选 ································ 80
   4.4.1 筛选思路 ···································· 80
   4.4.2 顺序分支法 ·································· 81
   4.4.3 改进的顺序分支法 ···························· 82
   4.4.4 筛选示例 ···································· 84
 4.5 实验参数水平数确定 ······························ 98
   4.5.1 基本原理 ···································· 98
   4.5.2 示例分析 ···································· 99
 4.6 装备维修保障仿真实验方案设计示例 ················ 100

  4.6.1 不考虑参数间交互效应的正交实验方案设计示例 …… 100
  4.6.2 考虑参数间交互效应的正交实验方案设计示例 …… 102
  4.6.3 均匀实验方案设计示例 …………………………… 105
 4.7 本章小结 ……………………………………………………… 107

第5章 装备维修保障仿真实验分析 ……………………………… 108
 5.1 装备维修保障仿真实验分析框架 …………………………… 108
 5.2 基于极差的灵敏度分析 ……………………………………… 109
  5.2.1 基本原理 …………………………………………… 109
  5.2.2 示例分析 …………………………………………… 110
 5.3 基于方差的灵敏度分析 ……………………………………… 112
  5.3.1 基本原理 …………………………………………… 112
  5.3.2 示例分析 …………………………………………… 116
 5.4 基于最小二乘支持向量机的仿真实验空间寻需 …………… 118
  5.4.1 仿真实验空间分类原理 …………………………… 118
  5.4.2 求解流程 …………………………………………… 122
  5.4.3 示例分析 …………………………………………… 123
 5.5 本章小结 ……………………………………………………… 126

第6章 装备维修保障仿真实验原型系统设计与实现 …………… 127
 6.1 装备维修保障仿真实验原型系统需求分析 ………………… 127
  6.1.1 装备维修保障仿真实验原型系统设计目标 ……… 127
  6.1.2 装备维修保障仿真实验原型系统功能需求 ……… 128
 6.2 装备维修保障仿真实验原型系统设计 ……………………… 132
  6.2.1 装备维修保障仿真实验原型系统总体结构设计 … 132
  6.2.2 装备维修保障仿真实验原型系统功能设计 ……… 133
 6.3 装备维修保障仿真实验原型系统实现 ……………………… 134
 6.4 本章小结 ……………………………………………………… 135

参考文献 ……………………………………………………………………… 136

第 1 章

绪 论

1.1 研究目的和意义

现代高技术战争体现出信息技术含量高、作战力量构成复杂、战场情况多变、作战节奏快、资源消耗大等特点，使得装备维修保障工作面临准备时间短、保障类型多样、保障任务繁重、保障区域跨度大等诸多难题，大大增加了装备维修保障的难度。因此，科学地分析与评价装备维修保障方案，给出优化建议，以便灵活地组织和实施装备维修保障工作是当前装备保障系统建设的重点关注内容。

装备维修保障方案作为使用过程中开展装备维修保障工作的总体规划与完整说明，是构建装备维修保障系统的基本依据，直接牵引着装备维修保障系统的建立，而装备维修保障系统的运行优劣又直接影响装备能否快速恢复技战术性能，进而影响装备使用任务的完成。装备维修保障系统作为一个开放的复杂大系统，包含众多的组成要素，内外交互关系复杂，以至于很难用理论上正确的解析方法对其进行研究。同时受到现实条件的制约，也很难以军事或训练演习的方式，对装备维修保障系统运行的优劣进行持续的分析与评价。

仿真是继理论研究和科学实验之后人类认识世界的第三种方式，装备维修保障仿真正逐渐被公认为是和平时期推演保障、研究保障的有效手段。装备维修保障仿真系统的研发实现了装备维修保障物理系统到仿真系统的映射，在工程实践中发现，如何运用装备维修保障仿真系统探索保障系统的运行规律往往很难着手，更无法对装备维修保障系统提出优化与改进建议。究其原因，装备维修保障仿真系统的影响因素和评价指标众多，直接针对这些因素对系统进行分析仿真开销巨大，严重影响装备维修保障仿真系统优化与改进的效率，因而一般的分析方法已经无法解决问题。上述问题直接牵引了装备维修保障仿真实验研究的强烈需求，通过研究装备维修保障仿真实验设计与分析方法，可以检验装备维修保障方案制定的合理性和实施效果，找出哪些实验因素对装备维修保障系统运行有影响，影响的程度如何，辅助保障指挥决策人员辨析出装备维修保障方案中的不合理成分，为方案的进一步优化改进提供合理建议、指明正确方向。

装备维修保障仿真实验是为了特定的研究目标，在一定的硬件环境条件下，按照规划的仿真实验方案运行装备维修保障仿真系统，收集仿真实验数据并对其进行分析处理的过程。当前，针对一般仿真系统开展仿真实验的研究已有不少，尤其在作战仿真实验领域，美军开展了大量研究工作。然而，在保障仿真实验领域，尤其是面向装备维修保障仿真实验的系统研究工作较为少见。当开发完装备维修保障仿真系统之后，如何快速发现装备维修保障系统的运行规律，指导系统的设计优化，是急需解决的重要问题。因此，要从根本上解决基于仿真的装备维修保障系统调整优化难题，必须针对一个特定的装备维修保障仿真系统，开展有针对性的仿真实验理论和技术方法研究，才能有效迭代"仿真实验设计→仿真运行→数据分析"这个闭环过程，为装备维修保障系统的评价与优化提供科学手段。

首先，本书以系统论为指导，研究确定装备维修保障仿真实验的研究框架。在分析装备维修保障仿真实验参数来源的基础上，提出基于仿真实体属性确定仿真实验参数全集，确定面向不同对象的装备维修保障仿真实验评价指标全集，针对备件参数众多的问题，提出备件参数综合的方法，针对实验参数与评价指标众多的问题，提出基于实验目的和质量功能展开（Quality Function Deployment，QFD）的实验参数与评价指标确定方法。其次，深入分析装备维修保障仿真实验设计的基本问题，研究实验方案制定流程、实验设计方法选择、仿真运行次数确定、实验参数定量筛选和参数水平数确定等关键问题，为合理制定装备维修保障仿真实验方案提供科学依据。再次，研究仿真实验数据的分析方法，用于支持对装备维修保障仿真实验的分析，解决仿真实验参数的设计优化问题。最后，进行装备维修保障仿真实验系统的总体设计和功能设计，并完成系统的原型开发，为工程应用提供软件工具。

本书能为装备维修保障仿真实验研究提供完整解决方案，还能用于指导开发集仿真系统与仿真实验系统于一体的装备维修保障仿真实验平台，实现装备维修保障仿真系统的研发与仿真实验研究的有机融合，显著提高装备维修保障仿真实验的科学性与合理性。

1.2 国内外研究现状

从目前所查阅到的资料看，国内外已相继研发了大量装备保障仿真系统，对作战仿真实验研究极其重视。从仿真实验的具体技术方法来看，无论是仿真实验设计方法还是仿真实验分析方法，都开展了大量研究，可以为装备维修保障仿真实验理论与方法研究所借鉴。本书从典型装备保障仿真系统、军事领域仿真实验、仿真实验设计与分析等三个方面进行分析和归纳。

1.2.1 装备保障仿真系统研究现状

1.2.1.1 国外研究现状

自仿真技术出现以来，以美军为代表的西方国家就开始将其用于装备保障研究中，经历了从集中式到分布式、从独立保障仿真到与作战仿真集成互联的发展历程。在这期间，美军将基于仿真的采办写入指令性文件，明确指出仿真结果可作为决策依据，这也极大促进了保障仿真的发展，各主要军事大国相继开发了大量装备保障仿真系统。下面对其中的典型仿真系统进行介绍。

LCOM（Logistics Composite Model）是美国兰德公司和美国空军后勤司令部联合开发的早期保障仿真系统，一开始用于仿真空军保障基地对于飞行大队的保障能力，随着 LCOM 仿真系统功能的不断完善，目前已可以支持多种类型的航空作战单元以及多保障基地的复杂飞机装备保障过程的模拟，并能够确定基地保障资源的最优搭配，分析维修策略、备件数量等变化对于保障能力的影响。在 1991 年"沙漠风暴"实战中，LCOM 仿真系统的有效性得到了充分检验。LCOM 仿真系统利用维修数据和飞行数据进行仿真的逻辑如图 1-1 所示。

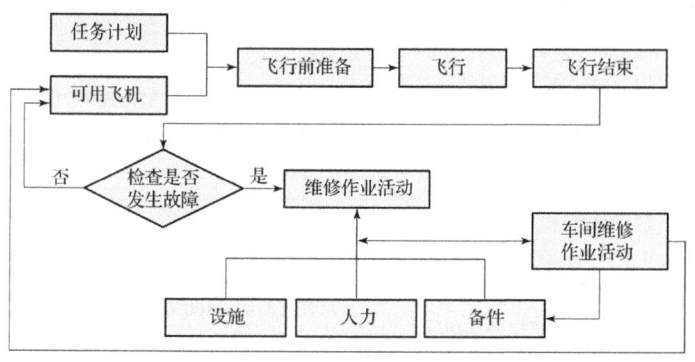

图 1-1 LCOM 仿真系统逻辑

LCOM 仿真系统的主要影响因素包括维修数据、任务需求、任务时间、保障飞机所需的作业活动、飞机固有性能、功能系统可靠性、维修策略、涂层/密封修复时间、基地管线时间、飞机周转时间、备件数量、保障设备、设施、人力和其他资源、出勤率、出动时间、已部署飞机的数量、分散的工作位置、关键与非关键维修等。评价指标主要是飞机的战备完好性和任务持续性参数、人员需求、资源设施利用率等，表1-1详细地列出了LCOM评价指标的说明及算法。

表1-1 LCOM 评价指标

业务	评价指标	指标说明及算法
与飞行有关的指标	1. 飞行计划完成率（FSE） 2. 飞行计划偏差率（FSD） 3. 功能检查飞行放飞率（FCF） 4. 平均每架次飞行时间（ASD） 5. 一线飞机数量（PAI） 6. 二线飞机数量（BAI） 7. 出动架次率（SUR） 8. 平均飞行时间 9. 任务终止率 10. 发生代码3故障的出动率	FSE =（调整过的计划出动架次 − 记录的没有遵守飞行计划的架次）÷ 调整过的计划出动架次 ×100%； FSD = 因执行作战任务导致的未按照原计划飞行的架次 ÷ 计划的总出动架次 ×100%； FCF = 通过功能检查放飞的飞机数 ÷ 进行功能检查的总数； ASD = 飞行的总时间 ÷ 飞行的总架次； SUR = 出动的总架次 ÷ 一线飞机数量 ×100%； 发生代码3故障（飞机降落时完成任务所必需的系统发生故障）的出动率 = 着陆时处于代码3状态的飞机架数 ÷ 总的出动架次数 ×100%
与维修有关的指标	11. 能执行任务率（MC） 12. 能执行全部任务率（FMC） 13. 能执行部分任务率（PMC） 14. 因维修导致的不能执行任务率（TNMCM） 15. 因供应导致的不能执行任务率（TNMCS） 16. 故障重复/再现率 17. 8小时及12小时修复率 18. 维修规划效率（MSE） 19. 推迟修复的故障率（DD）	MC = FMC + PMC； FMC = 能执行全部任务的时间 ÷ 总拥有时间 ×100%； PMC =（因维修导致的能执行任务的时间 + 因供应导致的能执行任务的时间）÷ 总拥有时间 ×100%； TNMCM = 因维修导致的不能执行任务的时间 ÷ 总拥有时间 ×100%； TNMCS = 因供应导致的不能执行任务的时间 ÷ 总拥有时间 ×100%

续表

业务	评价指标	指标说明及算法
与供应有关的指标	20. 发放率（IER） 21. 库存效率（SER） 22. 总维修周转时间（TRCT） 23. 分段计算平均维修周转时间	IER = 准时发放次数 ÷ 准时发放次数 + 延期交付次数； SER = 准时发放次数 ÷（准时发放次数 + 延期交付次数 − 非核定库存延期交付次数）×100%； TRCT =（维修前天数 + 维修天数 + 维修后天数 − 因等待备件的延误维修的天数）÷ 上交的资产数量
与维修车间有关的指标	24. EW 能执行任务率（EWMC） 25. EW 因等待而推迟的故障率 26. LANTIRN 能执行任务率 27. LANTIRN 测试台任务完成率	EW：电子战吊舱； EWMC = 可用电子战吊舱 ÷ 所有电子战吊舱 ×100%； LANTIRN：夜间低空导航与红外寻的吊舱； LANTIRN 算法与 EWMC 类似
与训练有关的指标	28. 晋升训练情况（UGT） 29. 职业发展课程通过率（CDC） 30. 训练延误率 31. 训练缺席率	UGT：反映处于晋升训练中的五级和七级技术人员所占的比例； CDC：指通过最终课程测验的人员所占的百分比； 训练延误率：用于跟踪延误的训练所占所有训练的百分比

同样是针对飞机保障问题，美国空军建模中心（AFMC）开发了一种早期保障仿真系统 SCOPE，可模拟航空作战单元从基层级保障到基地级保障的全过程，考虑的主要影响因素是各种保障策略，评价指标则是使用可用度。

随着仿真规模的不断扩大，美军逐渐意识到单机仿真已无法满足需求，由此出现了分布交互式仿真技术（Distributed Interactive Simulation，DIS），基于该技术的典型作战仿真系统是 WARSIM2000，其中的保障模块拥有保障系统各层级的维修保障、运输保障等多种保障仿真功能。在美军对于作战仿真系统和保障仿真系统集成互联仿真需求的推动下，分布式交互仿真技术发展为高层体系结构（High Level Architecture，HLA）。由于 HLA 技术能更好地提高仿真模型间的互操作性和重用性，所以逐步确定了其在仿真领域中的地位。下面重点介绍基于 HLA 技术开发的典型保障仿真系统。

WLTAE 仿真系统是一个将作战与保障进行联合仿真的综合仿真平台，它首次将空战作战仿真模型 THUNDER 和战区后勤保障仿真模型 ELIST 互联组成联邦，主要考虑运输、燃料和日用品消耗等影响因素，模拟后勤保障资源的运输延迟对于作战的影响，其为建立"端对端"（end to end）的聚焦后勤仿真联邦奠定了基础。在 WLTAE 的基础上，美军研制了联合战役级作战仿真系统（JWARS），用于描述各军兵种的作战与保障能力，分析部队联合作战能力与保障的关系，从而为确定最佳作战方案提供决策依据。大卫·佩恩（David Payne）总结美军所有军事仿真领域的仿真系统，并将其互联共同构建仿真联邦，形成了支持联合战役作战的聚焦后勤仿真联邦体系框架，可模拟联合作战中"端对端"的保障活动全过程。

LOGSIM 保障仿真系统是由美国 SPARTA 公司设计并开发的，它基于 HLA 技术实现了对美军现役所有机型的维修保障活动模拟，该保障仿真系统既可单独仿真，也可与作战仿真系统互联，其主要影响因素有作战过程中的损伤、正常使用过程中的故障、飞行过程中的非常状态、因地面检查发现飞机故障中断起飞、机场遭受敌方袭击时的损伤等 5 类。评价指标是飞机的可用度和出动架次率。LOGSIM 保障仿真系统中飞机维修过程的仿真逻辑如图 1-2 所示。

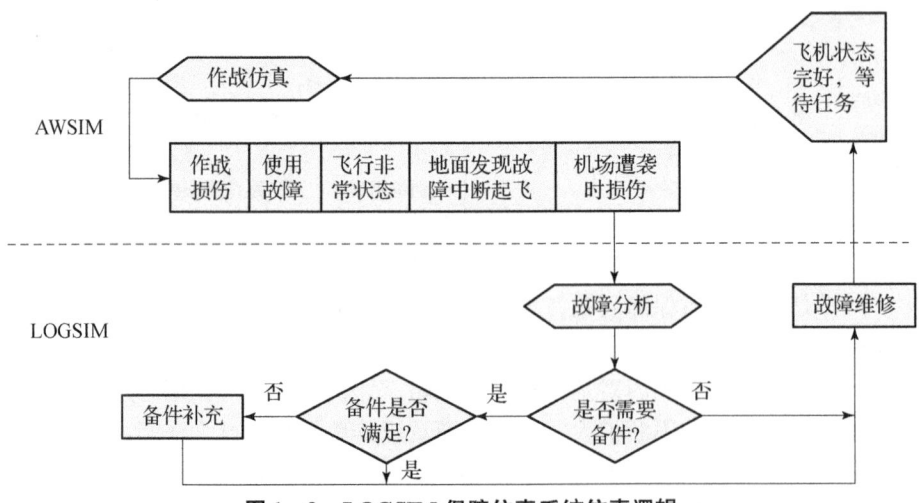

图 1-2　LOGSIM 保障仿真系统仿真逻辑

同样基于 HLA 技术规范的还有由美国国防部开发的 LOGAM 保障仿真系统，该保障仿真系统重点针对单装的全寿命阶段进行保障活动的仿真模拟，围绕装备在设计、使用中的各种保障问题以及寿命周期费用等进行仿真分析。LOGAM 保障仿真系统的影响因素包括五大类别，分别是标准数据元素、TOE 数据元素、模型控制数据元素、系统特有数据元素、LRU 特有数据元素；评价指标主要是系统固有可用度和使用可用度、测试与修理人员短缺率、补充备件和修理备件短缺率、测试设备短缺率、系统后勤保障费用等。

自主式后勤（ALS）仿真系统是美国空军后勤技术学院（AFIT）构建的自主式保障仿真系统，该模型根据自主式保障系统的保障过程和健康监测管理（PHM）系统的工作机理，对 PHM 系统与后勤保障要素之间的关系进行建模，可分析 PHM 系统对飞机战备完好性的影响。影响参数主要是 PHM 系统错误的检测率等，评价指标则是飞机的出动架次率。

此外，典型的保障仿真系统还有采办要求和训练仿真与建模（SMART）方案中的 5 个重要保障仿真模型：ASOAR、SESAME、COMPASS、ACEIT、LCET。ASOAR 用于评价采办单元的使用可用度；SESAME 则分析在费用影响下，库存基本产品的可用度；COMPASS 是以费用为主要约束，用于优化维修方案；ACEIT 用于评价采办装备的寿命周期费用；LCET 则是分析费用对战备完好性指标的影响。

美军现有的作战与后勤保障仿真模型如图 1-3 所示。

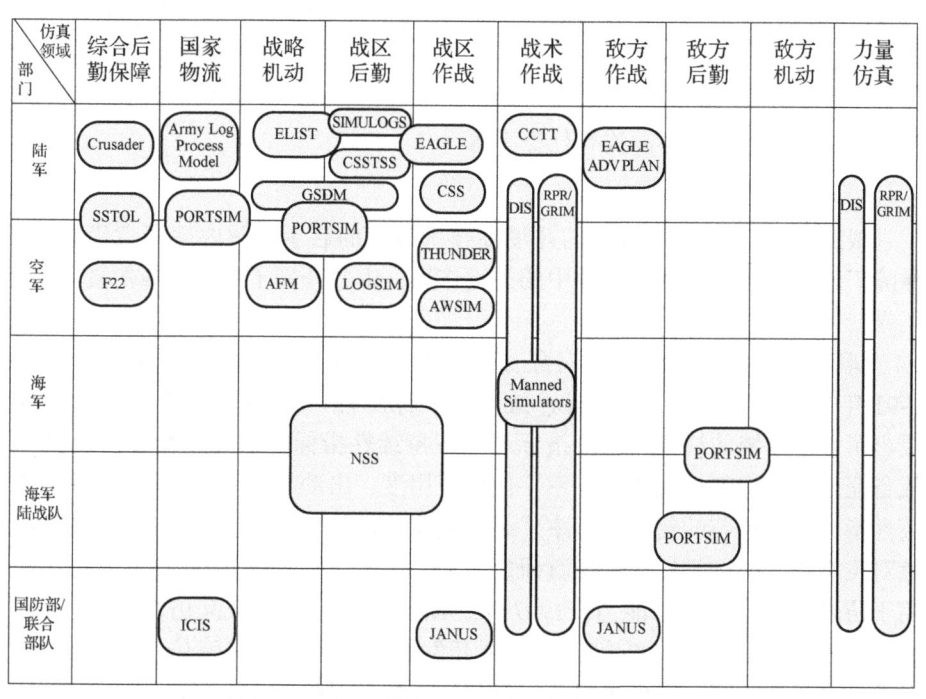

仿真领域 部门	综合后勤保障	国家物流	战略机动	战区后勤	战区作战	战术作战	敌方作战	敌方后勤	敌方机动	力量仿真
陆军	Crusader	Army Log Process Model	ELIST	SIMULOGS CSSTSS GSDM	EAGLE CSS	CCTT DIS	EAGLE ADV PLAN RPR/GRIM			DIS	RPR/GRIM
空军	SSTOL F22	PORTSIM	AFM	PORTSIM LOGSIM	THUNDER AWSIM					
海军						Manned Simulators		PORTSIM		
海军陆战队				NSS				PORTSIM		
国防部/联合部队		ICIS			JANUS		JANUS			

图 1-3　美军现有的作战与后勤保障仿真模型

除了美军之外，瑞典系统与后勤工程公司（SYSTECON）设计并开发了 OPUS10 保障仿真系统，可用于模拟装备全寿命阶段的各种保障问题，能够对备件库存、维修策略等问题进行权衡分析，但没有描述装备执行训练或作战任务的能力，也不能评价针对具体任务的保障能力。此外，该公司还开发了

SIMLOX保障仿真系统，该系统面向使用阶段的装备维修保障方案仿真评价问题，通过模拟故障装备的维修、备件保障等活动，为优化装备保障方案提出建议。SIMLOX保障仿真系统的主要影响因素包括备选保障机构、维修策略、系统设计参数、库存策略；评价指标重点关注系统的使用可用度，此外还包括能评价多个保障能力的综合评价指标，如任务成功率、保障资源利用率和短缺率等，还可通过多次仿真评价保障装备正常持续使用的平均保障概率。

荷兰空军与TNO-FEL公司合作开发了SALOMO后勤保障仿真系统，该系统主要面向平时飞机的使用维修保障活动，通过设定不同的仿真输入参数，模拟飞机使用与保障之间的过程，使得决策人员能够观察和分析各种保障资源、维修策略等如何影响飞机保障能力。SALOMO后勤保障仿真系统的影响因素主要是影响空军基地建立的使用、准备、维修和备件供应等过程的参数，具体包括维修人员数量、轮班、故障概率、备件库存数量、飞行计划（如飞行波次和值班等）以及备件订购和故障装备的维修策略等；评价指标主要关心飞行员的飞行小时和飞机能执行任务率等。此外，还能根据维修策略、当前位置、维修人员数量、备件数量等的影响，评价飞机的不能执行任务率，以及维修人员的使用率和不能执行任务率等。

1.2.1.2 国内研究现状

根据20世纪末美军进行的几场高技术战争的启示，国内逐渐意识到装备保障工作在决定战争胜负成败中的关键作用，由此开展了装备保障仿真的研究工作。

研究初期，保障仿真的对象主要围绕研制阶段的单一型号装备展开，1991年开发了用于飞机可靠性、维修性、保障性（RMS）模拟的仿真系统，提出了装备系统的战备完好性指标和任务持续性指标的仿真度量方法。其中，战备完好性指标包括战备完好率、使用可用度、出动架次率、在航率，任务持续性指标包括单装的任务成功率、装备基本作战单元的任务成功率。1995年，针对飞机组件的可靠性展开仿真研究，设计并开发了飞机维修保障仿真系统，用于仿真评估维修保障能力。1997年，研发了某分布式交互仿真系统，以此次研究成果为基础，1999年，又研制开发了其中的装备保障仿真子系统。该保障仿真子系统不仅考虑了装备保障指挥在装备保障工作中的作用，还考虑了装备的补充、战时的抢修以及专项保障等现实问题。

后来各科研单位开始意识到仿真模型一体化、标准化与互联互通的重要性。为此，开发了具有自主知识产权的仿真支撑平台，后被确定为某分布仿真支撑平台。

上述介绍的保障仿真系统都是根据作战仿真需求设计并开发的。尔后开始关心以装备质量特性为基础，面向使用阶段的装备保障仿真问题，此时的研究对象不再是单装，而是变为装备基本作战单元。在这期间，研究了飞机大型保障仿真系统，所考虑的主要影响因素包括民机的可靠性、维修性、保障性等质量特性，以及故障发现时机、设备配置、改航策略、返航策略等参数，此外还考虑了调度原则、航线结构、飞机数量、气象条件、计划或非计划维修、备件数量等；评价指标则是民机营运出勤可靠度和航班可靠度。北京航空航天大学研究了基于任务牵引的装备保障仿真建模问题，开发了用于评价装备基本作战单元战备完好性的模拟仿真软件。某大学深入研究了使用阶段的维修保障仿真建模与分析问题，设计并开发了分布式装备维修保障能力仿真评估系统，用于评价装备基本作战单元战备完好性和任务持续性参数。某学院基于 Agent 离散事件仿真技术，研制了用于装备基本作战单元使用、维修和保障资源调控的仿真系统。某研究所采用 Extender 技术，设计并开发了用于航空基本作战单元维修保障仿真的软件系统，可模拟航空基本作战单元的使用和维修保障活动，其主要影响因素是飞机各部件的可靠性参数、使用机制、维修人员、备件等，同时还考虑维修策略等的影响；评价指标则是反映维修保障系统任务承受水平的相关参数，如能执行任务率、人员负荷强度、不同强度的飞行任务出动强度、维修资源利用率、维修工时数、备件缺件率和满足率等。某学院研究了针对装备基本作战单元使用可用度的模拟仿真问题，并开发了配套的仿真系统。此外，该学院还在自行火炮多阶段任务的使用仿真系统原型开发基础上，研制了适用于复杂任务的通用装备基本作战单元保障仿真系统。上述基于 Extender 技术的飞行基本作战单元维修保障仿真系统和自行火炮装备战备完好与任务成功评估系统都是从战备完好性和任务成功性两方面确定评价指标，不同点只是分别针对陆军基本作战单元和飞行基本作战单元提出了相关指标的具体度量方法。

上述保障仿真系统的研究对象主要针对装备基本作战单元，难以满足复杂作战任务驱动下的多层级装备维修保障活动的仿真模拟需求。为此，面向装备作战单元的保障仿真问题，针对装备保障仿真模型重用性不强、仿真模型互操作性不足的突出矛盾，通过建立多分辨率仿真模型，开发了基于 HLA 的联合作战装备维修保障仿真通用平台，全面解决了面向复杂任务的多层次装备维修保障仿真问题，提出了陆军装备基本作战单元和装备作战单元的使用可用度、任务完成率等综合保障能力评价指标的仿真度量方法；针对装备维修保障系统，提出了维修任务完成率、保障服务时间、资源满足和利用率等评价指标的仿真度量方法，并对该装备维修保障仿真系统的输入、输出参数进行详细讨论。

1.2.2 军事领域仿真实验研究现状

在军事领域，仿真实验研究得到高度重视。从目前所查阅到的文献看，虽然还没有专门针对大型装备保障仿真系统开展仿真实验的专门研究，但是面向作战的仿真实验研究已有不少。下面着重对作战仿真实验领域的研究现状进行分析。

早在20世纪80年代，美军就确定了"提出理论→作战仿真实验→实兵演练→实战检验"的发展理论，并将作战仿真实验作为军队建设的重要环节摆上战略地位，作战仿真实验成为筹划军队建设与作战不可或缺的辅助决策手段。美国陆军最先提出"作战仿真实验室计划"，从1992年开始，美军参谋长联席会和各军兵种先后组建22个作战仿真实验室，并举行各种规模的作战仿真实验。例如，通过"奥运挑战04"作战仿真实验，美军提出常设联合部队指挥部的概念；"千年挑战2000"作战仿真实验对美军的指挥控制能力进行有效评估；美军"车载战斗空间作战实验室"通过对"数字化的诸军兵种联合部队作战问题"的研究，明确诸军兵种联合部队信息系统实现数字化的各项要求。近年来，美军所发动的每一场局部战争，都成为美军创新战争理论的实验场。例如，伊拉克战争中所实践的"快速决定性作战"，是美军联合部队司令部未来作战仿真实验室于1999年提出的新联合作战理论，并于2001年和2002年进行了修改和完善。其核心思想是建立适应性强的指挥与控制机构，进行联合行动；依据联合情报和监视侦察，实现相关作战图像，做到知己知彼；综合运用制敌机动、精确打击和信息作战，实施基于效果的作战行动。俄、英、法、德等国家也高度重视作战仿真实验研究，纷纷效仿美国，建立起自己的军兵种联合作战仿真实验机构，并举行各种规模的作战仿真实验。

国内研究方面，早在1979年，钱学森就敏锐地预见到，运用现代科学技术手段可以进行作战仿真实验这样一个基本事实。面对信息化的新军事变革，国内更加重视作战仿真实验理论和方法的研究和作战仿真实验室的建设，启动了联合实验方法与技术研究，重点解决联合作战中仿真实验技术层面的规范化问题。某国防科技重点实验室长期致力于仿真实验技术的研究与应用，主持多项大型仿真实验项目，确立仿真实验在武器装备体系和国防重大型号发展论证中的重要作用。

此外，国内许多机构和学者也对作战仿真实验问题进行了系统的专门研究。胡晓峰、司光亚等对国外的作战仿真实验理论进行了跟踪，对作战仿真实验的内涵、外延以及应用对象、应用范围进行了较为深入的剖析，并提出了自己的创新理论。蒋亚民研究了网络化体系对抗作战实验问题，从理论上探讨了网络化体系对抗实验方法论及应用范畴。卜先锦研究了作战仿真实验的核心内容——仿真实验方案设计的相关问题，并通过示例验证了实验设计中运筹分析方法的运用。此外，他还针对作战实验事后数据分析问题，提出了融统计分析、回溯分析和综合分析于一体的数据分析思路，并展望了基于大数据作战实验分析前景。程永军提出作战实验态势的可视化问题，对作战态势可视化系统进行了功能设计和交互设计。别晓峰提出了作战仿真实验设计的基本原则、主要方法和一般步骤等基本问题，分析了作战仿真实验的实施流程。余宗林从理论上研究了联合火力打击背景下的作战实验分类及实施流程。龙建国提出应将自然科学研究中的经典实验设计方法与作战实验研究相结合，在作战仿真实验中进行实验设计的理论和方法创新。李涛分析了装备体系建设中作战实验的重要作用，分别从作战实验的体系框架与应用需求两方面进行了详细论述。

经过近些年的发展，国内的作战仿真实验研究，无论是在理论还是方法上都取得了一定的进展，其研究成果可为装备维修保障仿真实验问题研究提供借鉴。

1.2.3 仿真实验设计与分析研究现状

随着计算机仿真技术的发展，面向各领域的随机仿真系统层出不穷，然而随机输入驱动的仿真必将导致随机的输出，由此产生了仿真实验研究的需求。20世纪60年代，国外开始将经典实验理论与方法的研究成果引入仿真实验领域，自此，欧洲、美国的运筹仿真和统计领域的学术期刊，以及一年一度的冬季仿真会议都会刊载大量仿真实验领域的理论与应用研究成果，涌现出一批专家，其中，荷兰的 Jack P. C Kleijnen 是国外仿真实验研究领域的先驱和杰出代表，其著作《仿真实验的设计与分析》（Design and Analysis of Simulation Experiments）系统介绍了仿真实验的理论与方法，在学术界产生很大影响。此外，Averill M. Law 和 W. David Kelton 在仿真领域经典著作《仿真建模与分析》（Simulation Modeling and Analysis）第3版中，对仿真实验的研究成果进行了归纳总结，也极大地促进了仿真实验问题的研究。下面从仿真实验设计和仿真实验分析两方面分别进行综述。

1.2.3.1 仿真实验设计的国内外研究现状

仿真实验设计是在经典实验设计理论与方法研究的基础上发展而来的，本节从梳理经典实验设计的发展历程入手，引入对仿真实验设计研究现状的分析。

1. 经典实验设计的国内外研究现状

经典实验设计（Design of Experiment）是概率论与数理统计方法的一个分

支，20世纪20年代，由著名数理统计学家费希尔（R. A. Fisher）在研究农业数据统计与分析的过程中首次提出。通过大量理论研究和具体实践，1935年，费希尔出版《实验设计》一书，提出析因设计的概念和方差分析方法，能够有效地控制实验误差因素对实验的影响，从而提高因素效应的估计和比较效率，其中析因设计包括全面析因设计和部分析因设计。全面析因设计是对实验因素组合进行遍历实验，在因素数量和因素水平数较多的情况下，实验花销将很大。为此可选用分式析因设计，其中 2^k 析因设计在欧洲得到了广泛的应用。20世纪50年代，Wilson针对工业实验具有序贯性和及时性的特点，提出响应曲面法（Response Surface Methodology，RSM），响应曲面法将实验设计与数据分析相结合，能够拟合输出参数随输入参数变化的数学解析模型，寻找输入参数的最优组合，在工业领域受到青睐。同一时期，日本统计学家田口玄一在分析产品质量特性时，将正交设计表格化，并由此提出田口法。田口法基于正交表进行实验设计，最后可利用方差分析处理实验结果。但是，基于田口法的实验方案设计，其实验次数会以因素水平的4次方增加，局限性较大。为此，田口玄一又提出稳健实验设计，解决实验中多因素多水平所造成的实验规模大的问题，有效扩展了实验设计方法的应用范围。此后，陆续有学者对稳健实验设计方法进行改进，如研究如何合理划分因素区间以及将均匀表作为内外表来减少实验次数等。

20世纪60年代，实验设计的理念开始引入我国，起初只应用于农业田间实验。随后，正交实验设计在我国开始得到普及，并在工业上取得了巨大的成功，其理论和方法也取得了很多创新，如编制了一套实用正交表、规范了实验程序等，使得正交实验设计更具可操作性。与此同时，我国数学家华罗庚在国内大力倡导和普及"优选法"，也从另一个侧面促进了科学实验理念的研究与发展。

1978年，王元和方开泰面向导弹设计的特殊实验需求，提出均匀设计（Unifrom Design，UD）方法，旨在将实验点均匀分散在实验空间内。与正交实验设计相比，均匀实验设计大大减少了实验点数量，因此在实验代价高的航空航天领域得到了广泛应用。后来不断有学者对均匀实验设计方法进行改进，如文献[17]提出了新的均匀性度量准则，并在此基础上对均匀实验设计方法进行优化。后来，方开泰又提出了均匀正交实验设计，把均匀实验设计发展到一个新的阶段。

经典实验设计发展至今，以正交实验设计和均匀实验设计影响最大，由于其能使实验数据具有良好的统计分析特性，广泛应用于各个领域。此外，研究者们还提出D-最优设计、中心复合设计、Box-Behnken设计等实验设计方法，但上述方法的工程应用影响有限。

2. 仿真实验设计的国内外研究现状

Jack P. C Kleijnen 把仿真实验设计称为 DASE（Design and Analysis of Simulation Experiments），在该领域的研究上，国外最具影响的是一种多维分层抽样方法——拉丁超立方体抽样（Latin Hypercube Sampling，LHS），它的提出时间与均匀实验设计几乎同时，其思想同样也是将实验点均匀地分布在实验空间中，均匀实验设计和拉丁超立方体抽样都注重实验点的均匀分散性，适合于水平数较多的情况。拉丁超立方体抽样可以分析复杂、高维度的仿真模型，但并不适用于实验参数间存在交互效应的情况。为解决上述问题，有研究者提出正交拉丁超立方抽样，然而这些方法对仿真系统的运行次数和实验参数个数都有限制。为克服这些限制，文献［23］提出一种混合整数规划算法，文献［24］研究一种考虑实验参数间交互效应的随机拉丁超立方抽样方法。此外，为解决大型仿真系统实验参数规模庞大的问题，国外开始重视对实验参数筛选方法的研究，每年的冬季仿真会议（Winter Simulation Conference，WSC）都会对该问题进行讨论，学者们相继提出顺序分支法（Sequential Bifurcation，SB）、Trocine 筛选法（Trocine Screening Procedure）、迭代分式析因设计（Iterated Fractional Factorial Design，IFFD）、二阶段组合筛选法等，这些方法本质上可理解为一种实验设计方法，不过目的是用于参数筛选。

国内研究方面，目前在作战仿真实验设计中经常采用的实验设计方法主要有析因设计、正交实验设计、均匀实验设计、随机区组设计和拉丁超立方设计等，与传统的单因子实验设计和全因子实验设计相比，这些实验设计方法或能极大地减少仿真开销，或能显著提高仿真实验结果的可靠性。上述仿真实验设计方法的原理在《战争复杂系统仿真分析与实验》《作战仿真实验设计与分析》等著作中有详细论述。

1.2.3.2 仿真实验分析的国内外研究现状

仿真实验分析是以仿真实验方案为依据，以仿真运行后采集到的数据结果为分析对象进行的数据处理和解释工作。美军十分重视仿真实验分析工作，成立了模型可信性技术委员会（TCMC），专门负责对复杂作战仿真实验结果的分析与解释工作。2007 年，原中国人民解放军总装备部成立军用建模与仿真标准化技术委员会，颁布军用建模与仿真系列标准，其中的作战实验标准明确了作战仿真实验结果分析与解释的原则和规范，使得仿真实验人员在进行仿真实验分析时有章可循。

从仿真实验分析方法看，主要包括灵敏度分析和探索性分析等。下面分别对灵敏度分析和探索性分析的研究现状进行梳理。

1. 灵敏度分析的国内外研究现状

灵敏度分析重点考察模型参数对评价指标的影响程度。在国外研究方面，以灵敏度分析方法的发展脉络为线索，对有重要影响的灵敏度分析方法进行综述；在国内研究方面，则重点介绍相关灵敏度分析方法在各领域的应用情况。

费希尔首先提出了方差分析的概念，由此产生的方差分析法（Analysis of Variance，ANOVA）是灵敏度分析中最为经典的方法。文献[29]首次系统地提出灵敏度分析的数学理论基础。文献[30]在分析模型的灵敏度时，首次提出了傅里叶幅度灵敏度检验法（Fourier Amplitude Sensitivity Test，FAST），有效解决了多维影响参数的灵敏度分析问题，该方法也是目前比较经典的灵敏度分析方法。文献[31]在单次单因子法（One Factor At a Time，OAT）的基础上，首次提出 Morris 法，利用该方法能给出模型各影响参数的灵敏度排序，Morris 法的工程实用性强，本质上是一种定性的显著影响参数分析方法。文献[32]首次提出一种基于方差的全局灵敏度分析方法——Sobol 法，其基本思想是研究参数的方差对评价指标方差的影响，Sobol 法计算量非常大，针对这一问题，相关学者对 Sobol 法进行了一定改进。文献[37]结合 Sobol 法和 FAST 法优点，提出扩展的傅里叶幅度灵敏度分析法（Extended Fourier Amplitude Sensitivity Test，EFAST）。文献[38]提出一种基于统计检验的灵敏度分析方法，但该方法只针对线性模型有效。为此，文献[39]分析非线性模型的特征，提出一种基于全局互补的灵敏度分析方法。文献[40]比较两种不同随机抽样方法的收敛特性，提出一种基于方差的全局灵敏度分析方法。此外，回归分析法、极差分析法、HDMR 法（High Dimensional Model Representation）和随机平衡设计法（Random Balance Designs，RBD）等也都是较为常见的灵敏度分析方法。

国内，灵敏度分析方法在很多领域都得到了应用。文献[44]用 Morris 法寻找对大坝温度场有显著影响的因素，文献[45]将 EFAST 法用于管路系统中模型参数对冲击响应的影响研究，文献[46]建立二阶以及高阶导数模型，进一步扩展全局灵敏度分析方法的应用范围，还有文献利用 Kriging 模型拟合元模型，并用 Sobol 法分析影响参数变化对武器作战效能评价指标的影响程度。

2. 探索性分析的国内外研究现状

探索性分析（Exploratory analysis，EA）是指对仿真系统中各种不确定影响参数的所有水平组合进行全面实验，获取评价指标在大量不确定参数条件下的变化情况，并根据所关心的仿真结果，发现指标与影响参数之间的重要关系，理解影响参数对评价指标的影响方式，探索评价指标达到满意要求时，各个影响参数的变化情况等。

兰德公司早期曾将多想定分析的思想用于对作战策略的评估，20 世纪 90 年代，以 Davis 为首的兰德科学家在联合一体化应急模型（Joint Integrated Contingency Model，JICM）和战略评估系统（Rand Strategy Assessment System，RSAS）的开发中，将多想定分析思想应用于 JICM 战役模型对陆军、空军的研究中，经过逐步的方法总结与提炼，正式提出一种定量的仿真实验分析方法——探索性分析，后来该方法还支持兰德公司的多项战略分析和评价项目的定量化分析工作，如空军武器装备数量配比研究以及地形、机动能力、战术和 C^4ISR 对远距离精确打击的影响评估等。

在多项兰德公司有关探索性分析方法的研究报告中，影响最大的当属"恐怖的海峡"和"阻断大规模装甲部队入侵的空中打击问题"两项应用示例研究。"恐怖的海峡"面向两个分析目标：一是帮助某地区找出防御中至关重要的问题；二是为美国协助某地区处理这些问题采取措施，并提出了一套建议。在"恐怖的海峡"研究中，兰德公司基于 JICM 模型，采集来自公开资料的数据，直接建立了面向分析目标的探索性分析模型，对某战役结果具有决定性影响的因素进行了探索，验证分析了 7 个关键性变量对某战役结果的影响。"阻断大规模装甲部队入侵的空中打击问题"以伊拉克大规模装甲部队入侵科威特，或朝鲜大规模装甲部队进攻韩国为背景，美国依靠远程精确打击武器阻止其入侵。研究的目标是评估不同因素对使用飞机和导弹成功打击装甲部队效果的影响，考虑的影响因素有平台和武器、压制防空效率、入侵和阻断策略、空中和导弹对装甲进攻部队的 C^4ISR 效能等。

国内积极跟踪探索性分析研究的最新成果，运用探索性分析方法研究并解决了一些具体的军事问题。某大学针对战争系统的复杂性问题，开发了面向高层决策的战争模拟系统"决胜"平台，该系统支持仿真实验空间、作战方案空间和实体空间三个层次的探索性分析。其中，仿真实验空间的探索性分析能够帮助理解不同装备体系构成对装备作战能力形成以及对作战的影响；作战方案空间的探索性分析是针对不同作战想定方案执行效果的探索，以达到优化作战实体行动的目的；实体空间的探索性分析则是分析实体的各种参数配置对于提高实体作战效能的影响。某学院在海战效能评估专题研究中，利用探索性分析方法解决"节约弹药问题"的最优化方法，提出红方的反制策略，以达到对红方作战计划的优化调整作用。某大学针对武器装备体系论证中的规模优化问题，研究面向武器装备体系论证的探索性分析方法论，并结合示例展示了方法应用效果；针对坦克编队作战效能评估问题，提出基于探索性分析的坦克编队作战效能评估框架；用扩展影响图描述探索性分析模型，研制了面向复杂高层决策的通用探索性分析软件 EASim，解决探索性分析的工具问题。某学院构建了时间敏感目标对火力反应时间响应的模型，并利用探索性分析方法分析火力反应时间的需求范围。某学院将探索性分析方法应用于解决复杂电磁环境下通信装备性能的影响因素分析，找出影响通信装备性能的 4 个主因素。

1.2.4　分析与总结

通过对国内外装备保障仿真系统、军事领域仿真实验和仿真实验设计与分析的研究现状进行归纳总结和对比分析，可以得出以下结论。

（1）目前，国内外对于基于仿真技术评价装备保障问题都十分重视，设计开发了大量保障仿真系统，相关工作已较为成熟，但是运用仿真系统分析装备保障系统运行规律方面的研究工作却较为少见。装备保障仿真系统作为大型复杂仿真系统，深入把握其运行规律对于有效评价保障方案、优化保障资源配置具有重要作用。因此，有必要针对一个特定的装备维修保障仿真系统进行仿真实验研究，充分挖掘装备维修保障规律，为装备维修保障方案的持续优化与改进提供理论和技术支持。

（2）装备维修保障仿真实验参数和评价指标的确定作为仿真实验研究的起点，具有重要意义。本书研究所使用的装备维修保障仿真系统不仅具有层次性，而且仿真实体种类和数量众多，因此有必要研究仿真实验参数的获取方法。此外，当前装备保障系统的影响参数和评价指标往往面向特定的保障仿真系统给出，在仿真实验研究中，大多根据经验直接给定，还没有从仿真实验目的的角度来探讨实验参数和评价指标的确定方法。

（3）综观仿真实验设计的国内外研究现状，实验设计学科经历了一个长期的发展过程，并在很多传统领域获得很好的应用效果，在作战仿真实验领域也进行了大量应用研究。然而，当前研究只重视实验设计方法的研究，缺乏对实验方案的总体规划，使得科学、合理地设计实验方案成为摆在研究者面前的突出问题。要把实验设计方法科学地应用于装备维修保障仿真实验设计中，一方面，需明确仿真实验方案的设计要素；另一方面，需围绕仿真实验方案的设计目标，逐次开展仿真实验方案各要素的分析与设计工作，为科学制定装备维修保障仿真实验方案提供支撑。

（4）仿真实验分析的好坏直接影响能否有效评价与优化装备维修保障方案。国内外对于灵敏度分析方法的研究已较为完善，可以考虑借鉴现有研究成果，寻找其中计算量适中、可操作性强的方法，用于分析仿真实验参数对装备维修保障实施的效果影响。对于探索性分析方法来说，由于其采用全面探索所有仿真实验参数组合的方式对问题进行分析,当涉及的实验参数和参数水平数较多时,这种分析方式将影响仿真实验效率。实际上,很多时候装备保障指挥人员希望得到一组满意的装备维修保障方案用于辅助决策,因此只需寻找使得系统运行满意的实验参数水平组合。考虑到控制仿真开销的要求,可研究在有限仿真实验数据样本的情况下,仿真实验空间的模式分类方法,确定满足仿真需求的解空间。

1.3 本书的主要内容

装备维修保障仿真实验工作的好坏直接影响装备维修保障仿真分析与评价的效果,是发挥装备维修保障仿真系统作用的关键。本书着重从问题分析、装备维修保障仿真实验参数与评价指标、装备维修保障仿真实验设计、装备维修保障仿真实验分析等方面进行研究,最后完成装备维修保障仿真实验原型系统的设计与实现。本书的主要内容如图1-4所示。

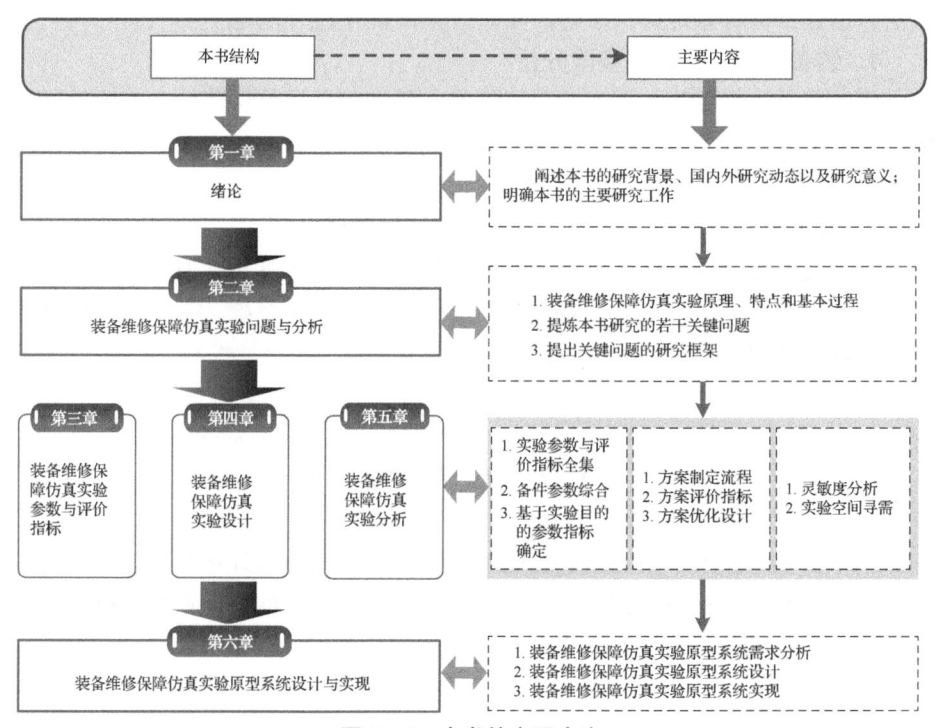

图1-4 本书的主要内容

1. 装备维修保障仿真实验问题与分析

从装备维修保障仿真实验的问题引入着手，分析其所处的研究环节；明确装备维修保障仿真实验的基本概念，分析装备维修保障仿真实验的原理、特点和基本过程，归纳出关键问题，进而提出装备维修保障仿真实验的研究框架。

2. 装备维修保障仿真实验参数与评价指标

分析装备维修保障仿真系统的建模特点，研究仿真实验参数全集的确定方法；分别面向装备维修保障仿真系统和面向装备保障对象确定评价指标全集，提出实验参数定性的初步筛选原则；针对备件参数众多的问题，提出备件参数综合方法；针对实验参数和评价指标众多的问题，研究基于实验目的和 QFD 的仿真实验参数与评价指标确定方法。

3. 装备维修保障仿真实验设计

分析装备维修保障仿真实验设计的基本问题，提出仿真实验方案的制定流程，为科学设计仿真实验方案，建立装备维修保障仿真实验方案的评价指标。分析并确定实验设计方法；研究仿真运行次数的确定方法；围绕实验参数维度优化，应用改进的顺序分支法用于参数定量筛选；提出实验参数水平数的确定方法，上述工作有效地解决了仿真实验方案的优化设计问题。

4. 装备维修保障仿真实验分析

确定装备维修保障仿真实验分析框架，研究装备维修保障仿真实验的灵敏度分析方法以及装备维修保障仿真实验空间寻需方法，上述方法的分析结果可作为装备维修保障仿真系统的设计与优化依据。

5. 装备维修保障仿真实验原型系统设计与实现

明确装备维修保障仿真实验系统开发的需求，对仿真实验原型系统进行总体设计和功能设计，并实现装备维修保障仿真实验原型系统，为顺利开展装备维修保障仿真实验提供工具支持。

1.4 本章小结

本章首先阐述了本书的研究目的与意义，然后对国内外在装备保障仿真系统、军事领域仿真实验、仿真实验设计与分析等三方面的研究现状进行综述和总结，最后概述本书的主要研究内容。

第 2 章

装备维修保障仿真实验问题与分析

在对装备维修保障仿真实验的相关方法进行研究之前，必须弄清装备维修保障仿真实验的基本概念，在此基础上，对装备维修保障仿真实验的基本问题进行分析，明确所需解决的关键问题，进而提出装备维修保障仿真实验的研究框架，才能正确指导后续研究工作的展开。本章主要就是在相关问题分析的基础上，界定本书的研究内容。

2.1 装备维修保障仿真实验问题的引入

实际上，装备维修保障仿真实验是面向任务的装备维修保障仿真评价的一个重要环节。通过对装备维修保障仿真实验问题来源的分析，一方面明确了装备维修保障仿真实验在使用过程装备维修保障仿真评价中所处的重要地位，另一方面也确定了本书研究范围。

具体来讲，由于装备维修保障问题的复杂性，尤其是成建制成系统的维修保障问题，很难用一个理论上正确、简明的解析式来表达其复杂的运作关系，而仿真技术很好地还原了装备维修保障系统运行的内部逻辑和外部交互关系，通过建立多分辨率仿真系统，能够实现对维修保障能力的仿真评价。但是，还需通过基于装备维修保障仿真系统的仿真实验设计与分析，才能正确把握仿真系统的运行规律，为装备维修保障系统的持续优化与改进提供支持，这也是开展面向任务的装备维修保障评价研究的最终落脚点。

装备维修保障仿真实验在面向任务的装备维修保障仿真评价过程中所处的环节，如图 2-1 所示。

从系统论的角度将一般使用过程的装备维修保障仿真评价问题抽象为了三个研究阶段：首先，研究装备使用任务系统、保障对象系统和维修保障系统及其相互关系的建模，主要解决装备使用、装备质量和装备维修保障之间的相互作用机理问题；其次，要研究装备维修保障仿真建模，重点研究装备维修保障

装备维修保障仿真实验理论与方法

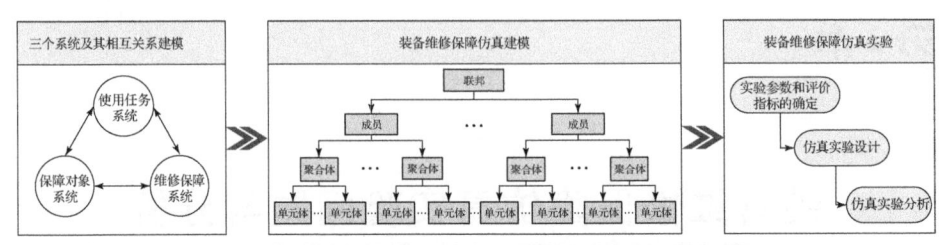

图 2-1 面向任务的装备维修保障仿真评价研究环节

仿真聚合建模以及基于 HLA 的装备维修保障仿真成员建模问题，进而实现多分辨率的装备维修保障仿真模拟；最后，研究装备维修保障仿真实验问题。装备维修保障仿真建模虽然实现了物理系统到仿真系统的映射，但是装备维修保障仿真系统作为大型复杂离散事件仿真系统，涉及大量影响输出的输入参数。例如，在评价某仿真示例的装备维修保障仿真系统的运行效果时，发现仅考虑维修单元数量、平均机动时间和备件数量等三类影响因素时，就有多达 57 个影响参数，如图 2-2 所示。由于缺乏科学的技术手段支持，无法辨析出重要的

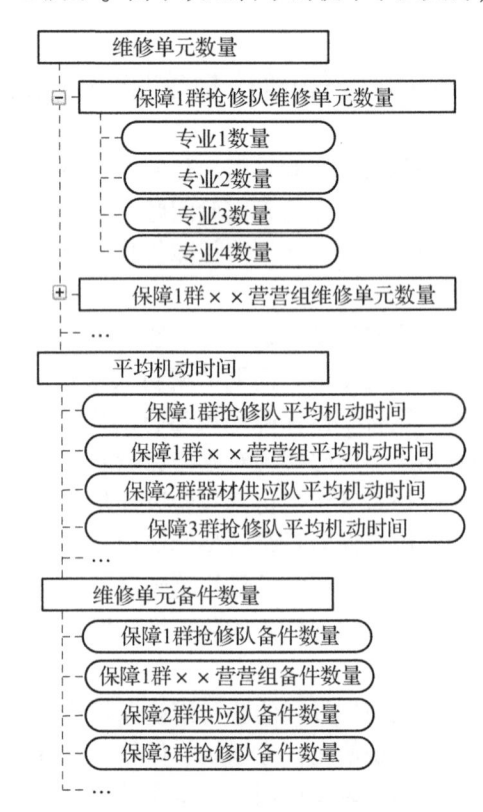

图 2-2 装备维修保障仿真系统的影响参数示例

仿真影响参数，很难了解其对仿真运行规律的影响。由于无法把握运行规律，装备维修保障系统的优化与改进也就没有方向。

针对上述问题，该研究环节主要解决如何通过有效获取仿真实验参数、明确评价指标、科学设计仿真实验方案。在此基础上，对装备维修保障仿真实验数据进行分析，找出装备维修保障仿真系统中各实验参数会对装备维修保障方案的实施效果产生怎样的影响，影响的程度如何，哪些参数的影响效果最显著等问题，不仅能够对装备维修保障方案制订的合理性、实施的效果进行检验，而且能够辨析出方案制订中的不合理成分，为方案的进一步优化和改进提供合理的建议，指明正确的方向。

基于现实科研的强烈需求，本书将以基于 HLA 的装备维修保障仿真系统为实验对象，按照装备维修保障仿真实验参数与评价指标、装备维修保障仿真实验设计以及装备维修保障仿真实验分析的技术途径，对相关问题进行系统、深入的研究。

2.2　装备维修保障仿真系统概述

要开展装备维修保障仿真实验研究，就必须明确仿真实验的对象，即装备维修保障仿真系统。本节对本书所使用的装备维修保障仿真系统进行简要介绍，从而对仿真实验的研究对象有一个初步了解。

科学评价装备维修保障方案，合理规划维修保障资源，是装备维修保障工作的重要现实需求，装备维修保障仿真系统就是为解决这一现实需求而开发的软件系统。在"三个系统"建模和装备维修保障仿真建模等相关研究工作的基础上，设计并开发了基于 HLA 的分布式装备维修保障仿真系统。该系统能根据保障指挥人员的关心范围，模拟不同层次装备维修保障力量以及不同层次装备作战单元的维修保障情况；分析给定装备维修保障条件下，各级装备作战单元的战备完好与任务持续能力，以及装备维修保障系统的装备维修保障能力，为装备维修保障方案的科学制订提供分析工具。

由于装备保障对象系统是多层次的，装备维修保障方案也是多层次的，所以装备维修保障仿真联邦成员是与特定层次的装备维修保障方案相对应的。此外，每个装备维修保障方案中的实体、保障关系等都不尽相同，所以针对一个特定的装备维修保障方案，通常需要构建一个特定的装备维修保障仿真联邦。为此，装备维修保障仿真系统采用基于多分辨率的仿真建模方法构建，很好地解决了仿真的二次开发问题。

装备维修保障仿真系统由仿真管理控制子系统、仿真态势显示子系统、仿真评价子系统、任务管理子系统、装备保障对象子系统、装备维修保障子系统、装备使用任务子系统和综合保障数据环境组成，如图2-3所示。其运行就是在仿真管理子系统的控制下，模拟装备使用任务系统、装备保障对象系统和装备维修保障系统的相互作用关系。

装备维修保障仿真实验就是针对这样一个具体的装备维修保障仿真系统进行的。

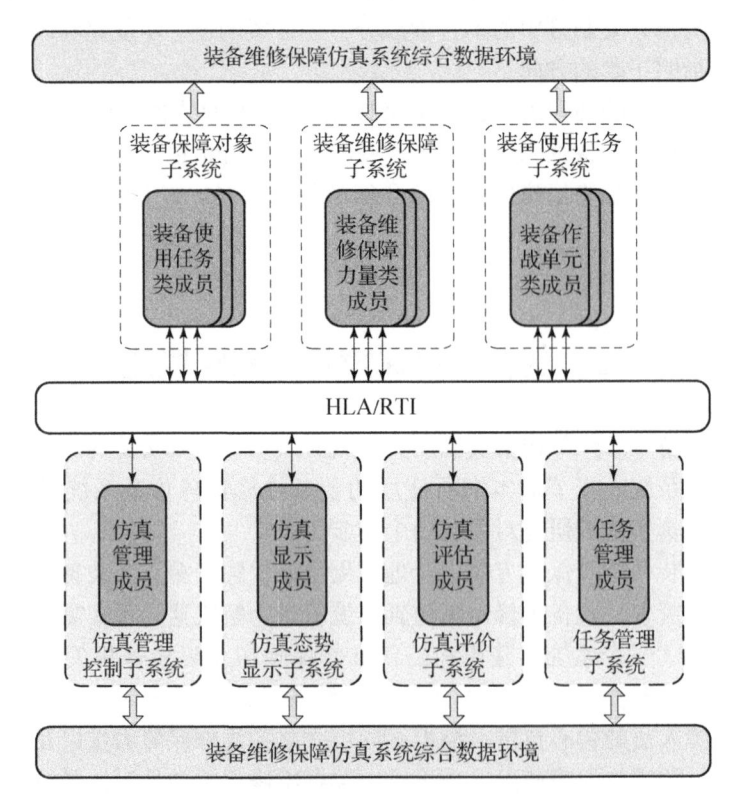

图2-3 装备维修保障仿真系统组成结构示意

2.3 装备维修保障仿真实验的相关概念

明确装备维修保障仿真实验的相关概念，有助于认识研究工作的本质内涵，同时也是开展研究工作的思维起点，不仅奠定了本书研究的基础，也有利于研究问题的展开和深入。装备维修保障仿真实验中的基本概念主要包括仿实验、仿真实验参数与评价指标、仿真实验参数水平、仿真实验空间、仿真实验参数效应、仿真实验影响因素、仿真实验设计和仿真实验分析等，下面逐一进行分析。

1. 仿真实验

装备维修保障仿真实验是通过运行装备维修保障仿真系统进行的，是在一定的硬件环境条件下，按规划好的仿真实验方案多次运行仿真系统、收集实验数据并进行数据分析的过程。装备维修保障仿真实验的主要内容是明确仿真实验的目的，设计仿真实验方案，利用仿真运行所产生的大量数据，给出仿真实验结果，得出关于装备维修保障仿真系统的相关结论。其中，装备维修保障仿真实验的目的是找出维修保障系统运行规律，为系统的持续优化与改进提供支持。

2. 仿真实验参数与评价指标

仿真实验参数是指装备维修保障仿真实验中所涉及的各种仿真系统的影响参数，具体来说，就是装备维修保障仿真模型的影响参数；评价指标是指度量装备维修保障能力的参数，是在仿真实验中能够直接获取的具体数值参数，如能执行任务率、维修任务完成率等，用来对期望达到的维修保障效果做出判断和评定。仿真实验参数是影响评价指标的变量，两者间的复杂影响关系通过装备维修保障仿真系统实现。

3. 仿真实验参数水平

仿真实验参数水平是指在进行装备维修保障仿真实验中，每个仿真实验参数的具体取值或状态。仿真实验参数的水平也称为仿真实验点，仿真实验点的数量称为该仿真实验参数的水平数，即仿真实验参数的取样点数量，每个仿真实验参数具体取样点的取样数值或状态称为水平值。多个仿真实验参数的不同取样点可以构成不同的组合，这样每个组合称为一个仿真实验点。装备维修保障仿真实验参数的水平数和水平值一般由军事专家和仿真实验人员共同确定。

4. 仿真实验空间

仿真实验空间是指包含所有可能的装备维修保障仿真实验点的集合，集中描述装备维修保障仿真实验参数所有可能的水平组合。需要强调的是，仿真实验空间将随仿真实验参数及参数水平的变化而变化。

5. 仿真实验参数效应

仿真实验参数效应包括仿真实验参数主效应和参数间交互效应。其中，仿真实验参数主效应表示该仿真实验参数的水平改变所引起的评价指标变化；参数间交互是指一个仿真实验参数的水平间的评价指标变化随其他仿真实验参数的水平变化而不同。例如，仿真实验参数 A 和 B 存在交互效应，可记为 $A \times B$。

仿真实验参数交互效应随仿真实验参数个数的增加而增加，如三个仿真实验参数 A、B 和 C 的交互包括二级交互效应 $A \times B$，$A \times C$，$B \times C$ 和三级交互效应 $A \times B \times C$。

6. 仿真实验影响因素

仿真实验影响因素是指在一次装备维修保障仿真实验中，所需考虑的装备维修保障仿真实验参数主效应及参数间交互效应的总称。

7. 仿真实验设计

仿真实验设计是指制定装备维修保障仿真实验方案，用于作为仿真实验实施的依据。若仿真实验设计科学，就可以达到合理选择仿真实验条件，以尽可能少的仿真开销获得尽可能多的实验信息，最终为分析与优化装备维修保障系统提供支持。反之，若仿真实验设计不合理，就会增加实验成本，以致难以达到仿真实验目的。

8. 仿真实验分析

仿真实验分析是装备维修保障仿真实验的重要组成部分之一，主要完成对仿真实验数据的处理，通过分析找出装备维修保障规律，得出关于装备维修保障仿真系统的有用结论。当按照仿真实验方案运行装备维修保障仿真系统后，仿真实验分析对收集到的大量仿真数据提供分析方法，用于识别装备维修保障仿真系统的显著影响因素等。

2.4 装备维修保障仿真实验问题分析

对装备维修保障仿真实验进行研究之前，必须弄清其科学内涵，进而确定所需解决的关键问题，然后才能根据认识的程度，建立装备维修保障仿真实验的问题研究框架，进而寻求解决问题的途径和方法。

2.4.1 实验的原理

装备维修保障仿真实验是以装备维修保障仿真系统为实验对象进行的。从仿真系统对仿真实验的影响来看，主要是通过仿真模型的变化来实现的，包括装备维修保障仿真层次的变化，仿真模型组成、结构的变化，仿真模型影响参数的变化。

仿真层次的变化是指仿真实验同时涉及不同分辨率层次的仿真模型，主要是由于装备维修保障仿真系统是一个多分辨率仿真系统，现实中保障指挥人员可能同时关心多个层级的维修保障效果，这就将带来仿真层次的

第 2 章　装备维修保障仿真实验问题与分析

变化。仿真模型组成、结构的变化主要是指装备维修保障系统运行逻辑、保障关系等变化引起的仿真模型构型的变化，可理解为装备维修保障系统的组织结构发生变化。仿真模型影响参数的变化主要是指资源配置等变化引起的仿真模型影响参数的变化。由此可将装备维修保障仿真实验模式分为仿真层次变化的仿真实验、仿真模型构型变化的仿真实验、仿真模型影响参数变化的仿真实验三类。

本书研究的装备维修保障仿真实验是仿真模型影响参数变化的仿真实验，解决单个装备维修保障方案的优化问题。通过对装备维修保障仿真系统的影响参数与评价指标分析，确定仿真实验参数和评价指标，进而合理设计仿真实验方案，再依据实验方案运行装备维修保障仿真系统，得到关于评价指标的仿真实验数据。在此基础上，对仿真实验数据进行分析处理，最终得到优化装备维修保障系统的分析结论。仿真实验与仿真系统的关系如图 2 – 4 所示。

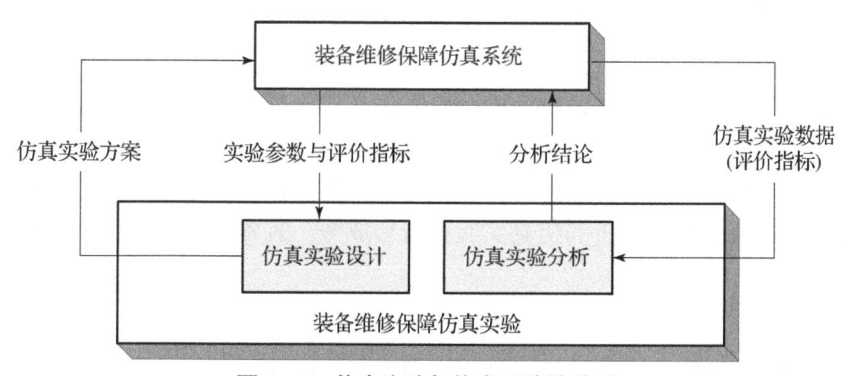

图 2 – 4　仿真实验与仿真系统的关系

2.4.2　实验的特点

在分析装备维修保障仿真实验原理的基础上，结合装备维修保障仿真系统的特点，对装备维修保障仿真实验的特点进行归纳总结，主要有以下几点。

（1）实验可重复。基于装备维修保障仿真系统进行仿真实验，可方便地设定保障系统的配置，通过"实验设计→仿真运行→数据分析"这个闭环过程的有效迭代，最终到达优化装备维修保障方案的目的。相较演习等实兵实验，如果需要通过反复实验的方式寻找满意的装备维修保障系统配置，仿真实验是唯一可行的技术手段。

（2）实验层次多。装备维修保障仿真系统属于多分辨率仿真系统，涉及多个仿真层次，仿真实验可针对不同分辨率层次的仿真模型展开，这就要求研

25

究不同仿真层次的实验参数确定问题。

（3）实验参数多。装备维修保障仿真系统是一个大型复杂仿真系统，系统本身的影响参数很多，例如仅是考虑备件种类这一影响参数，就有多达上百个，直接对这么多实验参数进行仿真实验，将变得无从下手，因而必须研究装备维修保障仿真实验参数的筛选方法，裁减仿真实验参数数量。

虽然装备维修保障仿真实验相较其他实验方式具有明显优势，但也存在着实验层次多、实验参数多等制约其有效进行的关键问题。实际上，装备维修保障仿真模型的有效性是影响实验有效的最重要因素，因为仿真实验是基于仿真系统进行的，如果仿真模型的有效性出现问题，则势必影响仿真实验结果的可信性，从而导致无法得出正确的实验结论。为此，前期已对所使用的装备维修保障仿真系统进行校核、验证与确认（Verification, Validation and Accreditation, VV&A）。

2.4.3 实验的基本过程

本书将装备维修保障仿真实验的基本过程划分为三个大的阶段，即仿真实验准备、仿真实验实施和仿真实验分析。仿真实验准备主要包括仿真实验需求分析、仿真实验参数与评价指标确定、仿真实验设计等步骤；仿真实验实施主要包括仿真实验运行、仿真实验控制和仿真实验数据收集等步骤；仿真实验分析主要包括实验数据分析和仿真实验报告形成等。装备维修保障仿真实验的基本过程如图2-5所示。

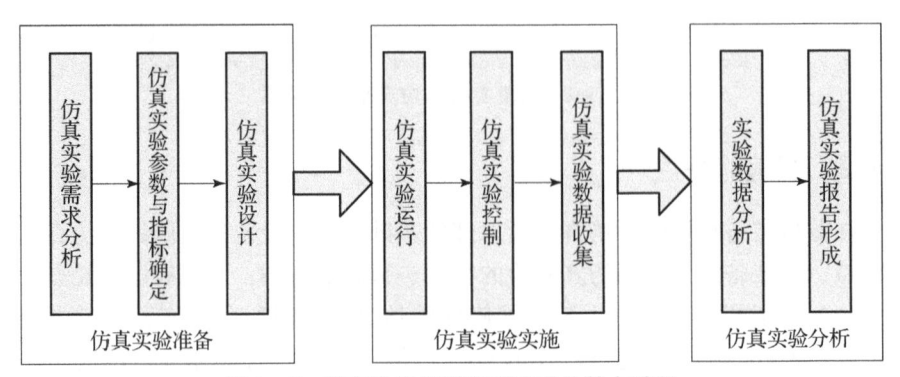

图2-5 装备维修保障仿真实验的基本过程

1. 装备维修保障仿真实验准备

装备维修保障仿真实验准备阶段的核心目的是分析仿真实验目标并制定仿真实验方案。根据仿真实验目标的不同，仿真实验准备工作要求也有所不同，但最后都需要输出仿真实验方案。

1）仿真实验需求分析

仿真实验需求分析是指明确装备维修保障仿真实验的目的及约束。只有当仿真实验目的及约束确定后，才可以围绕实验目的，有针对性地设计出满足需求的仿真实验方案。

2）仿真实验参数与评价指标确定

装备维修保障仿真系统是一个多分辨率层次系统，不同分辨率层次仿真模型的影响参数不同，故仿真实验也不尽相同，应根据需要，合理确定仿真实验参数和水平。另外，还应根据仿真实验目的，明确仿真实验的评价指标。

3）仿真实验设计

在确定了仿真实验参数与评价指标后，接下来就是制定仿真实验方案。合理的仿真实验方案应着力回答仿真实验应该怎么做、做到何种程度这两个问题，此外，仿真实验方案应在满足仿真实验分析精度要求的情况下，将仿真开销控制在可接受的范围内。

2. 装备维修保障仿真实验实施

装备维修保障仿真实施是按照既定的仿真实验方案，通过运行装备维修保障仿真系统，进行全程可控的仿真实验，生成并收集所需的仿真实验数据。

1）仿真实验运行

仿真实验运行是指依据仿真实验设计所制定的仿真实验方案，做好仿真系统硬件和软件相关准备，包括装备使用任务系统、保障对象系统和维修保障系统相关基础数据的准备工作，初始化仿真相关参数，将仿真联邦成员合理分配到仿真计算机，最后按照一定的时序执行仿真实验方案。

2）仿真实验控制

仿真实验控制是指对仿真实验全程进行有效管控，重点是控制仿真联邦的开始运行、暂停运行、结束运行，确定仿真结束条件，解决仿真联邦的管理，仿真时间推进等运行机制问题。通过仿真实验控制，最终使得仿真系统正常运转，保证仿真实验的顺利实施。

3）仿真实验数据收集

仿真实验人员要保证仿真系统所产生的实验数据能够有效采集、存储，保证所记录数据的正确性和完整性。一般来说，在设计实现仿真实验软件工具时，考虑自动地将仿真数据进行记录，实现仿真的无人值守，提高仿真效率。

3. 装备维修保障仿真实验分析

装备维修保障仿真实验分析以仿真实验方案实施后产生的大量仿真数据为

分析对象，通过对实验数据的处理，从中找出影响装备维修保障仿真运行效果的关键因素，给出装备维修保障系统的优化建议。

1) 实验数据分析

装备维修保障仿真实验的一个重要环节就是实验数据分析，必须对仿真实验数据进行有效处理，才能挖掘其中蕴含的有用信息。揭示实验参数、评价指标与装备维修保障仿真系统之间的复杂作用关系，辨析出其中的显著实验参数，即主因素。在一定精度范围内，确定主因素的最优水平组合或达到评价指标要求的满意水平组合。

2) 仿真实验报告形成

在完成上述一系列装备维修保障仿真实验的基本步骤之后，需要形成仿真实验报告，对仿真实验分析结论进行归纳和总结，以便于专家对问题的分析和回溯。

需要强调的是，上述三个仿真实验阶段并不是串行关系，而是逐次迭代、不断逼近的过程，如图2-6所示。因为装备维修保障仿真系统十分复杂，仿真实验分析的效果有时并不可能一蹴而就，需要循环往复地进行，直到获取专家认可的关于装备维修保障系统优化的有用信息。

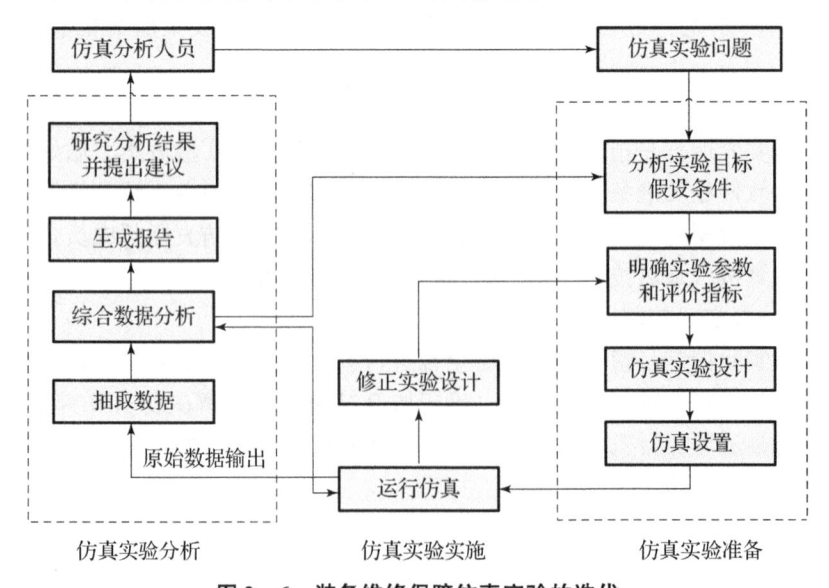

图2-6 装备维修保障仿真实验的迭代

通过分析，不仅明确了装备维修保障仿真实验的基本过程，也明晰了仿真实验所涉及的主要技术问题，主要是仿真实验参数与评价指标确定、仿真实验设计和仿真实验数据分析。

2.5　装备维修保障仿真实验研究的关键问题

通过分析装备维修保障仿真实验问题，对整个装备维修保障仿真实验问题的内涵与特征进行描述，结合具体的工程实践，本书归纳出在实际装备维修保障仿真实验中，经常会遇到的几类问题。

（1）根据装备维修保障仿真实验目的，如何确定仿真实验参数和评价指标。

（2）如何从大量仿真实验参数中筛选出小部分进行仿真实验方案的设计。

（3）如何确定仿真实验参数水平数。

（4）如何选取具有代表性的仿真实验点。

（5）如何确定每个仿真实验点的仿真运行次数。

（6）如何对仿真实验数据进行科学分析。

（7）如何有效管控仿真实验的进行，获取仿真实验数据。

第一个问题属于仿真实验参数与评价指标确定问题，第二至第五个问题属于仿真实验设计问题，第六个问题属于仿真实验分析问题，第七个问题属于仿真实验的工具手段问题。

1. 仿真实验参数与评价指标确定

作为装备维修保障仿真实验研究的起点，首先必须从仿真实验参数全集和评价指标全集中，明确用于仿真实验的参数与评价指标。然而装备维修保障仿真实验参数与评价指标众多，必须研究参数与指标的确定方法，为后续进行仿真实验设计做准备。

2. 仿真实验设计

仿真实验设计用于制定仿真实验方案，应在明确实验方案制定流程的基础上，研究如何建立仿真实验方案的评价指标，提炼仿真实验方案设计所需解决的问题，指导实验方案的设计与优化。

3. 仿真实验分析

仿真实验分析旨在对仿真系统运行得到的大量数据进行有效处理。应根据装备维修保障仿真实验数据分析需求，开展相应的实验分析方法研究，找出影响装备维修保障系统有效运转的显著影响参数，确定出优化的实验参数水平组合。

4. 仿真实验工具

在解决了仿真实验的关键技术问题后，需进一步解决仿真实验的手段支持问题，即设计并开发装备维修保障仿真实验原型系统，该原型系统应直接面向装备维修保障仿真系统,应具备较强的适用性和可操作性。

上述四个问题贯穿于装备维修保障仿真实验的整个过程,本书将其统一称为"装备维修保障仿真实验设计与分析"问题。仿真实验人员需要在仿真实验理论与方法的科学指导下,才能较好地达到仿真实验目的。

2.6 装备维修保障仿真实验的研究框架

围绕装备维修保障仿真实验的关键问题,本书提出了装备维修保障仿真实验的研究框架,如图2-7所示。装备维修保障仿真实验研究框架包括四个方面的研究内容,分别是确定装备维修保障仿真实验参数与评价指标、装备维修保障仿真实验设计、装备维修保障仿真实验分析和装备维修保障仿真实验原型系统设计与开发。在此基础上,本书明确了各项内容的研究思路,下面逐一对其进行分析。

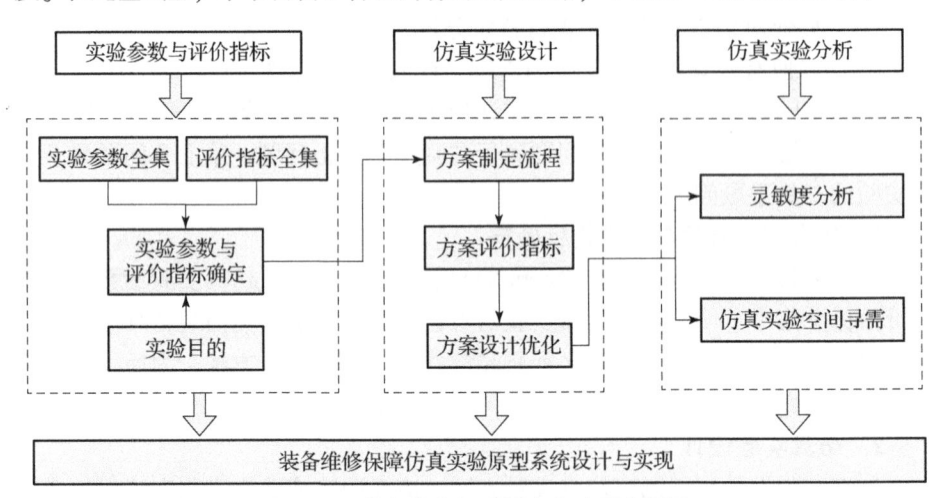

图2-7 装备维修保障仿真实验研究框架

1. 装备维修保障仿真实验参数与评价指标

首先分析装备维修保障仿真实验参数来源,明确仿真实验参数实质就是仿真实体属性,进而提出基于仿真实体属性确定装备维修保障仿真实验参数全集的思路。对装备维修保障仿真实体分类进行分析,按仿真分辨率层次将仿真实体分为仿真单元体和仿真聚合体两大类,其中仿真单元体按业务活动类型,分为装备指挥类单元体、装备维修类单元体、器材保障类单元体、装备运输类单元体等四类。在明确仿真实体分类后,重点分析仿真单元体五大类属性的描述问题,包括基本属性、空间属性、任务属性、资源配置属性和能力属性,然后研究仿真聚合体属性的聚合方法,包括属性类别聚合和属性值聚合。在完成上述研究工作后,就可以得到装备维修保障仿真实验参数全集。从维修任务完成情况、维修保障时间、维修资源满足和利用情况三个方面,明确面向装备维修保障系统的评价指标;从装备完好性和任务成功性两个方面,明确面向装备保障对象的评价指标;最终得到装备维修保障实验评价指标全集。由于仿真实验参数和评价指标全集数量十分庞大,首先对仿真实验参数进行初选,其次针对备件参数众多的问题,提出备件参数的综合方法,最后以实验目的为牵引,确定仿真实验参数与评价指标。

2. 装备维修保障仿真实验设计

明确装备维修保障仿真实验设计的目的是制定优化的仿真实验方案。分析传统实验方案制定流程,针对仿真实验参数较多的问题,提出装备维修保障仿真实验方案制定流程。研究建立用于评价仿真实验方案优劣的指标,进而确定仿真实验方案的设计要素,围绕设计要素,开展实验方案的优化设计。重点解决实验设计方法的确定、单个仿真实验点的仿真运行次数、实验参数主因素的选取思路及定量筛选、实验参数水平数的确定等问题。上述研究完整地解决了装备维修保障仿真实验方案的优化设计问题。

3. 装备维修保障仿真实验分析

装备维修保障仿真实验可形式化描述为

$$y = f(X) + \varepsilon \qquad (2-1)$$

式中:y 为装备维修保障仿真实验的评价指标;ε 为一个随机变量,满足 $E(\varepsilon) = 0$,表示仿真实验参数与评价指标之间具有随机影响关系;f 为仿真实验参数与评价指标间的相互作用关系;X 为装备维修保障仿真实验参数集,假设仿真实验参数集 X 由 n 个参数构成,则实验参数空间的笛卡儿积形式可表示为

$$X = X_1 \cdot X_2 \cdot \cdots \cdot X_n \qquad (2-2)$$

本书利用装备维修保障仿真系统来实现此映射关系。

仿真实验分析就是围绕仿真实验目的进行,因此在进行仿真实验分析前,首先须明确装备维修保障仿真实验的目的:探索装备维修保障系统运行的一般规律,为装备维修保障方案的优化与改进指明方向。具体来说,就是要分析实验参数与评价指标之间的作用关系,在一定精度范围内,寻求最优或满意的实验参数水平组合,指导维修保障资源的优化配置。为此提出下面的数据分析需求。

(1)灵敏度分析。显然,当 X 发生变化时,y 也相应地会发生变化。那么 y 随 X 的变化趋势,包括变化的方向和变化的程度如何,就是灵敏度分析的核心内容。这里需解决的关键问题是 X 中仿真实验参数的变化如何引起评价指标的变化,如何确定实验参数的最优水平组合。

针对灵敏度分析的数据分析需求，借鉴现有的灵敏度分析方法，重点研究极差分析法和方差分析方法。

（2）仿真实验空间寻需。实际上，装备保障指挥决策者常常希望得到一组满意的装备维修保障方案以辅助决策，因此只需寻找使得系统运行满意的实验参数水平组合。仿真实验空间寻需的目的并不是要在仿真实验空间 S 中，找出某个仿真实验点 $s \in S$，使得评价指标 $y \rightarrow \max$。而是关心评价指标是否达到预定的维修保障要求，希望获取满足评价指标要求的仿真实验子空间。对于这些评价指标的限定，通常是事先给出的，如维修任务完成率大于某一数值等。如果将评价指标的维修保障要求描述为 $y > k$，其中 k 给定的评价指标要求阈值，则

$$U(y) = \begin{cases} 1, y \geq k \\ 0, y < k \end{cases} \qquad (2-3)$$

从这个层面上来讲，仿真实验空间寻需问题就可理解为寻找仿真实验子空间 $S_o \in S$，使得 $U(f(S_o)) = 1$。

针对仿真实验空间寻需的数据分析需求，考虑支持向量机对数据样本的强大分类功能，研究一种基于最小二乘支持向量机的仿真实验空间寻需方法。

4. 装备维修保障仿真实验原型系统设计与开发

明确装备维修保障仿真实验原型系统的设计目标，将装备维修保障仿真实验原型系统分为仿真实验设计子系统、仿真实验管理控制子系统和仿真实验分析子系统，并分别对各子系统功能需求进行分析。在此基础上，对装备维修保障仿真实验原型系统进行总体设计和功能设计，最终实现装备维修保障仿真实验原型系统的开发。通过上述仿真实验原型系统，就可以针对装备维修保障仿真系统进行仿真实验，有效提高装备维修保障仿真实验的效率、降低实验成本，自动控制仿真实验的进行。三个子系统的功能运作关系如图 2-8 所示。

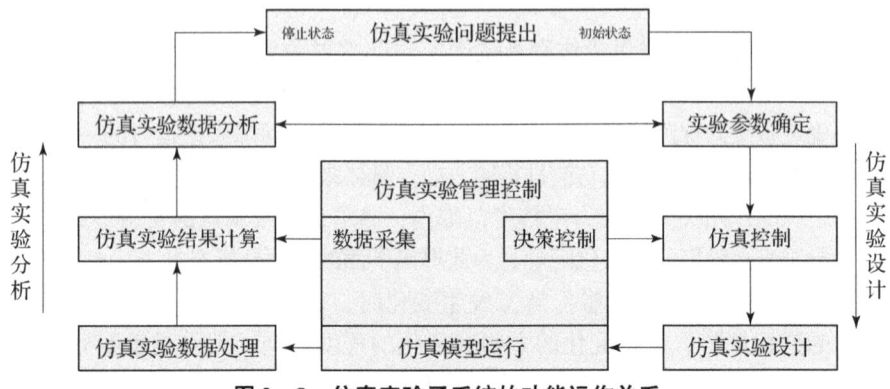

图 2-8 仿真实验子系统的功能运作关系

2.7　本章小结

　　首先，本章对装备维修保障仿真实验研究所处的环节和所使用的装备维修保障仿真系统进行了阐述，奠定本书研究的基点。其次，明确装备维修保障仿真实验的相关基本概念，在此基础上，对装备维修保障仿真实验问题进行了深入分析，进而总结归纳出装备维修保障仿真实验研究所需解决的关键问题。最后，提出本书的研究框架和思路。上述研究工作成果，将直接指导装备保障仿真实验问题的研究。

第 3 章

装备维修保障仿真实验参数与评价指标

确定装备维修保障仿真实验参数与评价指标是进行装备维修保障仿真实验研究的起点。本章从分析装备维修保障仿真实验参数来源入手，研究如何得到装备维修保障仿真实验参数全集；从面向装备维修保障仿真系统和面向装备保障对象两个角度，明确评价指标全集。最后研究仿真实验参数与评价指标的确定方法。

3.1　装备维修保障仿真实验参数来源分析

装备维修保障仿真实验参数实质就是仿真模型的影响参数。本书所使用的仿真系统是一个基于 HLA 的装备维修保障仿真系统，从建模方法上看，是通过建立多分辨率的仿真实体模型，再由仿真实体模型组成仿真联邦，进而实现对装备维修保障系统的模拟。具体来说，装备维修保障仿真系统采用面向对象思想，首先依据现实装备维修保障系统的层次，从最低层次的装备维修保障系统中，抽象出可以单独执行某项装备维修保障活动的最高分辨率仿真实体模型，即仿真单元体；然后以仿真单元体为基本构件，聚合形成装备维修保障系统的上层低分辨率仿真实体模型，即仿真聚合体；最后通过不同仿真实体模型的灵活组合形成联邦成员，并最终形成一个能够支持多种装备维修保障方案评价的装备维修保障仿真系统。装备维修保障仿真建模方法如图 3 – 1 所示。

装备维修保障仿真系统是由大量仿真实体为组件构成的，大量仿真实体是依据仿真实体属性进行区分的，这里所说的仿真实体属性是指用于描述仿真实体特征的状态或参数。在装备维修保障仿真系统的仿真实体构型不变的情况下，这些仿真实体属性就是仿真模型的全部影响参数，即装备维修保障仿真实验的全部实验参数，装备维修保障仿真实验就是围绕着这些属性展开的。

综上，本书提出基于仿真实体属性构建装备维修保障仿真实验参数全集。

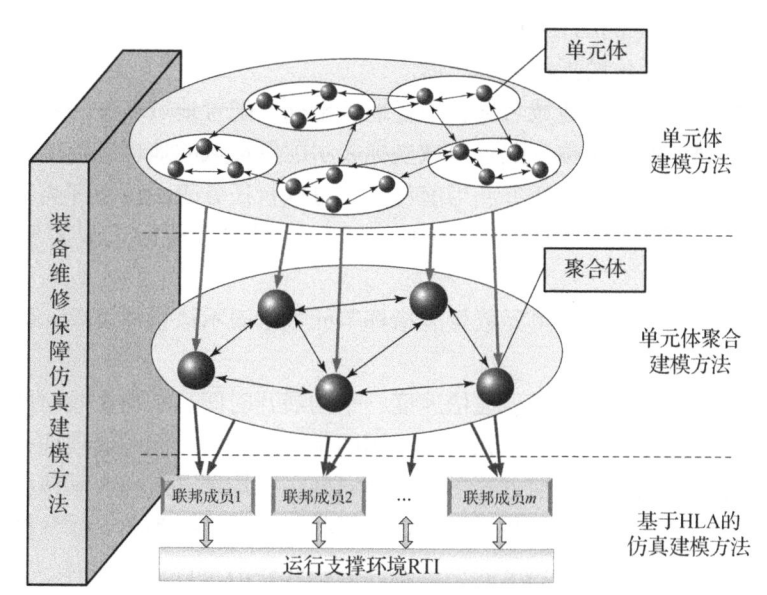

图 3-1　装备维修保障仿真建模方法示意

3.2　装备维修保障仿真实验参数全集

　　装备维修保障仿真系统主要包含两大类仿真实体，即仿真单元体和仿真聚合体。仿真单元体按照装备维修保障业务类别，又可分为装备指挥类单元体、装备维修类单元体、器材保障类单元体和装备运输类单元体四类。

　　无论是仿真单元体还是仿真聚合体，其属性都可以从基本属性、空间属性、任务属性、资源配置属性和能力属性5个方面进行描述。其中，基本属性用于表示仿真实体的基本情况，可用于仿真实体的唯一辨识；空间属性用于表示仿真实体的配置地域信息，常用三维坐标表示；任务属性用于表示仿真实体在仿真运行过程中所执行的具体任务信息，如任务类型、目标等，同样具有标识性作用；资源配置属性用于表示仿真实体的保障资源配置情况；能力属性用于描述仿真实体的能力参数，表征了仿真实体在完成具体任务时的配置能力。

　　本节首先对仿真单元体属性进行描述，在此基础上，研究仿真聚合体属性。

3.2.1　仿真单元体属性

3.2.1.1　装备指挥类单元体属性描述

　　基本属性包括名称、标识、类型、上级指挥单元体。其中，名称、标识和类型主要是为该装备指挥类单元体给定类型标签和 ID 号；上级指挥单元体表示可以指挥该单元体的指挥类单元体。

空间属性包括配置地域名称、配置地域坐标。配置地域名称表示该指挥类单元体所部属地域的名称；配置地域坐标表示配置地域的地理三维坐标。

任务属性包括可执行任务、当前任务。可执行任务表示该指挥类单元体可执行的任务；当前任务则是在仿真系统运行过程中自动标记当前所执行的任务。

资源配置属性是指挥单元数量。指挥单元数量表示该指挥类单元体中指挥力量的编组数量。

能力属性包括通信方式、通信速度、平均展开时间、平均撤收时间和平均机动速度。通信方式标记该单元体所采用的是有线通信、无线通信还是机动通信；通信速度表示当前通信方式下的通信时间；平均展开时间表示该指挥类单元体从撤收到展开的平均耗时；平均撤收时间表示该指挥类单元体从展开到撤收的平均耗时；平均机动速度表示该指挥类单元体的单位公里耗时。

装备指挥类单元体属性如图 3 – 2 所示。

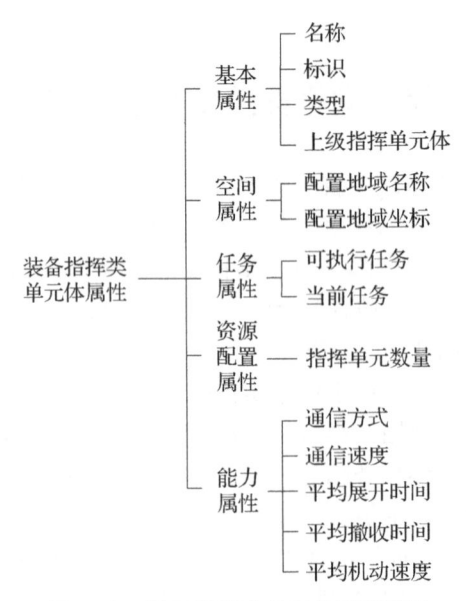

图 3 – 2　装备指挥类单元体属性描述

3.2.1.2　装备维修类单元体属性描述

基本属性包括名称、标识、类型、上级指挥单元体。其中，名称、标识和类型主要是为该装备维修类单元体给定类型标签和 ID 号；上级指挥单元体表示可以指挥该维修类单元体的指挥类单元体。

空间属性包括配置地域名称、配置地域坐标。配置地域名称表示该维修类单元体所部属地域的名称；配置地域坐标表示配置地域的地理三维坐标。

任务属性包括可执行任务、当前任务。可执行任务表示该维修类单元体可执行的任务；当前任务则是在仿真系统运行过程中自动标记当前所执行的任务。

资源配置属性包括维修单元数量、备件种类、备件数量、备件订货点。维修单元数量表示该维修类单元体中维修力量的编组数量；备件种类表示该维修类单元携行备件的类型；备件数量表示该维修类单元体中携行的备件数量；备件订货点表示该维修类单元体向上级申请备件的时机参数。

能力属性包括平均展开时间、平均撤收时间和平均机动速度。平均展开时间表示该维修类单元体从撤收到展开的平均耗时；平均撤收时间表示该维修类单元体从展开到撤收的平均耗时；平均机动速度表示该维修类单元体的单位公里耗时。

装备维修类单元体属性如图3-3所示。

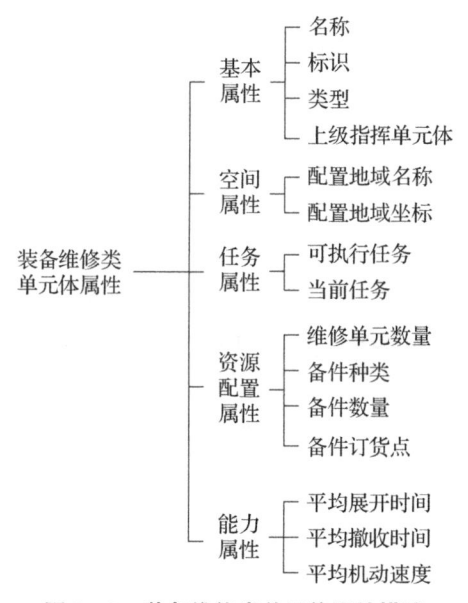

图3-3 装备维修类单元体属性描述

3.2.1.3 器材保障类单元体属性描述

基本属性包括名称、标识、类型、上级指挥单元体。其中名称、标识和类型主要是为该器材保障类单元体给定类型标签和ID号；上级指挥单元体表示可以指挥该器材保障类单元体的指挥类单元体。

空间属性包括配置地域名称、配置地域坐标。配置地域名称表示该器材保障类单元体所部属地域的名称；配置地域坐标表示配置地域的地理三维坐标。

任务属性包括可执行任务、当前任务。可执行任务表示该器材保障类单元体可执行的任务；当前任务则是在仿真系统运行过程中自动标记当前所执行的任务。

资源配置属性包括备件种类、备件数量、备件订货点。备件类型表示该器材保障类单元中的备件类型；备件数量表示该器材保障类单元体中的备件数量，也叫备件最大库存；备件订货点表示该器材保障类单元体向上级申请备件的时机参数。

能力属性包括平均装载时间、平均卸载时间、平均出库时间、平均展开时间、平均撤收时间和平均机动速度。平均装载时间表示备件从运输车下移动至运输车上的平均时间；平均卸载时间表示备件从运输车上移动至运输车下的平均时间；平均出库时间表示备件从库房移至装车地点的平均时间；平均展开时间表示该器材保障类单元体从撤收到展开的平均耗时；平均撤收时间表示该器材保障类单元体从展开到撤收的平均耗时；平均机动速度表示该器材保障类单元体的单位公里耗时。

器材保障类单元体属性如图3-4所示。

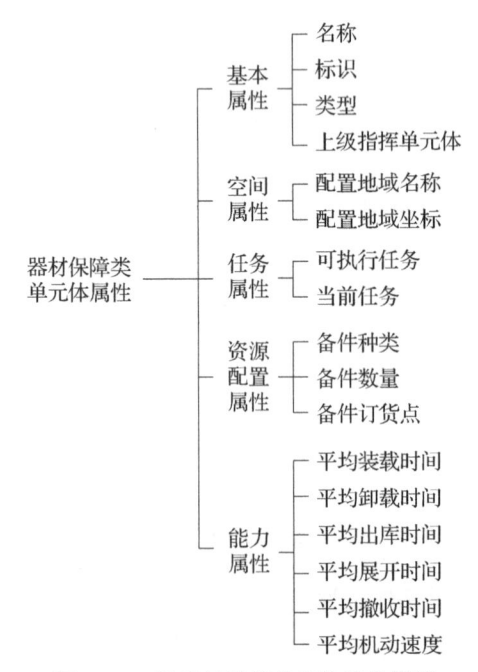

图3-4 器材保障类单元体属性描述

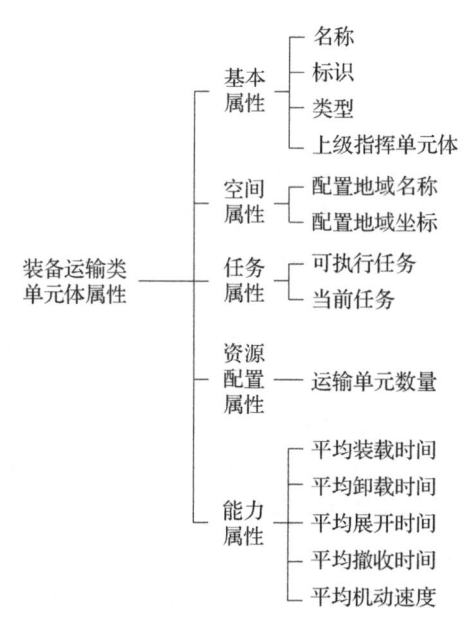

3.2.1.4 装备运输类单元体属性描述

基本属性包括名称、标识、类型、上级指挥单元体。其中名称、标识和类型主要是为该装备运输类单元体给定类型标签和 ID 号；上级指挥单元体表示可以指挥该装备运输类单元体的指挥类单元体。

空间属性包括配置地域名称、配置地域坐标。配置地域名称表示该装备运输类单元体所部属地域的名称；配置地域坐标表示配置地域的地理三维坐标。

任务属性包括可执行任务、当前任务。可执行任务表示该装备运输类单元体可执行的任务；当前任务则是在仿真系统运行过程中自动标记当前所执行的任务。

资源配置属性是指运输单元数量。

能力属性包括平均装载时间、平均卸载时间、平均展开时间、平均撤收时间和平均机动速度。平均装载时间表示物资从运输车下移动至运输车上的平均时间；平均卸载时间表示物资从运输车上移动至运输车下的平均时间；平均展开时间表示该装备运输类单元体从撤收到展开的平均耗时；平均撤收时间表示该装备运输类单元体从展开到撤收的平均耗时；平均机动速度表示该装备运输类单元体的单位公里耗时。

装备运输类单元体属性如图 3-5 所示。

图 3-5 装备运输类单元体属性描述

3.2.2 仿真聚合体属性

仿真聚合体属性是由仿真单元体属性聚合而来，包括属性类别的聚合和属性值的聚合。首先给出仿真实体聚合关系的传递性，再分别研究仿真聚合体属性类别和属性值的聚合方法。

3.2.2.1 聚合关系的传递性

仿真聚合体是由若干个高分辨的仿真单元体，通过一定的聚合规则而形成的低分辨率仿真实体。组成聚合体的单元体可以是类别相同的单元体，也可以是类别不同的单元体。以某维修队聚合体为例，是由维修组单元体和器材组单元体两个单元体聚合而成，其 UML 静态结构描述如图 3-6 所示。

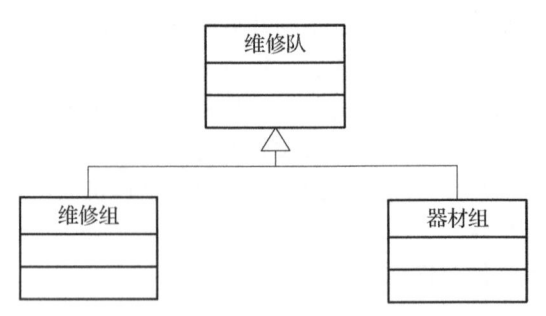

图 3-6 装备维修保障仿真实体聚合关系示例

图中，箭头表示"聚合"，即下层仿真实体聚合成上层仿真实体。仿真实体聚合关系可形式化表示为 $P(x,y)$，即仿真实体 y 是仿真实体 x 的一部分。如图 3-6 中维修队和器材组之间的聚合关系就可形式化表示为 P（维修队，器材组）。需要说明的是，这种包含关系是指仿真实体间的直接包含关系，即

$$P(x,y) \rightarrow \text{Direct\_Contain}(x,y) \tag{3-1}$$

聚合关系具有可传递性。即若仿真实体 x 直接包含仿真实体 y，仿真实体 y 又直接包含仿真实体 z，则通过聚合关系的传递性，可得仿真实体 x 包含仿真实体 z。这种包含关系称为间接包含关系，即

$$\text{Direct\_Contain}(x,y) \land \text{Direct\_Contain}(y,z) \rightarrow \text{Contain}(x,z) \tag{3-2}$$

同理，当仿真实体 x 间接包含仿真实体 y，且仿真实体 y 间接包含仿真实体 z 时，则有仿真实体 x 间接包含仿真实体 z，即

$$\text{Contain}(x,y) \land \text{Contain}(y,z) \rightarrow \text{Contain}(x,z) \tag{3-3}$$

依据聚合关系的传递性可知，任意分辨率层次的仿真聚合体都可以看作是由最高分辨率的仿真单元体聚合而来，所以以仿真单元体属性为依据，通过研究聚合方法可以得到仿真聚合体属性。

3.2.2.2 仿真聚合体属性类别的聚合方法

1. 聚合方法

仿真聚合体属性类别是根据与聚合体有聚合关系的仿真单元体属性类别聚合产生的,其属性类别聚合方法包括与关系和并关系。

(1) 与关系,指仿真单元体属性类别通过"与"关系构造聚合体的属性类别。主要针对基本属性、空间属性、任务属性的属性类别和能力属性中的共性属性类别进行构造。如能力属性中的平均机动速度、平均展开时间等。形式化描述为如果聚合体 A 和单元体 B_i 存在聚合关系 $P(A,B_i)$,则聚合体 A 的基本属性、空间属性、任务属性的属性类别和能力属性中的共性属性类别可以通过所有仿真单元体 B_i 的相应属性类别的与集方式获取。即

$$\text{Attribute}(A) \leftrightarrow \bigcap_{i=1}^{n} \text{Attribute}(B_i) \qquad (3-4)$$

(2) 并关系,指仿真单元体属性类别通过"并"关系构造聚合体的属性类别。主要针对资源配置属性和每类单元体所特有的能力属性类别进行构造。如维修类单元体能力属性中的平均维修服务时间。形式化描述为如果聚合体 A 和实体 B_i 存在聚合关系 $P(A,B_i)$,则聚合体 A 的资源配置属性类别和各类单元体特有的能力属性类别可以通过所有单元体 B_i 的相应属性类别的并集方式获取。即

$$\text{Attribute}(A) \leftrightarrow \bigcup_{i=1}^{n} \text{Attribute}(B_i) \qquad (3-5)$$

2. 聚合示例

维修队聚合体是由维修组单元体和器材保障组单元体两个单元体聚合而成,则其属性类别聚合过程如图3-7所示。

3.2.2.3 仿真聚合体属性值的聚合方法

仿真聚合体的某一属性值,可通过某种关系调用仿真单元体的相关属性值的方式确定。这种属性值关系主要存在于仿真聚合体和仿真单元体之间,体现为函数关系,即仿真聚合体某一属性值可通过调用与其有聚合关系的单元体属性值,以某种函数关系的方式确定。本书重点对其中的维修单元数量、运输单元数量和备件数量三类属性值的聚合方法进行研究。

1. 维修单元数量属性值的聚合方法

1) 聚合方法

聚合体维修单元数量属性值的聚合是按照维修专业类别进行的。图3-8为聚合体的某一维修专业维修单元数量 C 的聚合过程示意图。

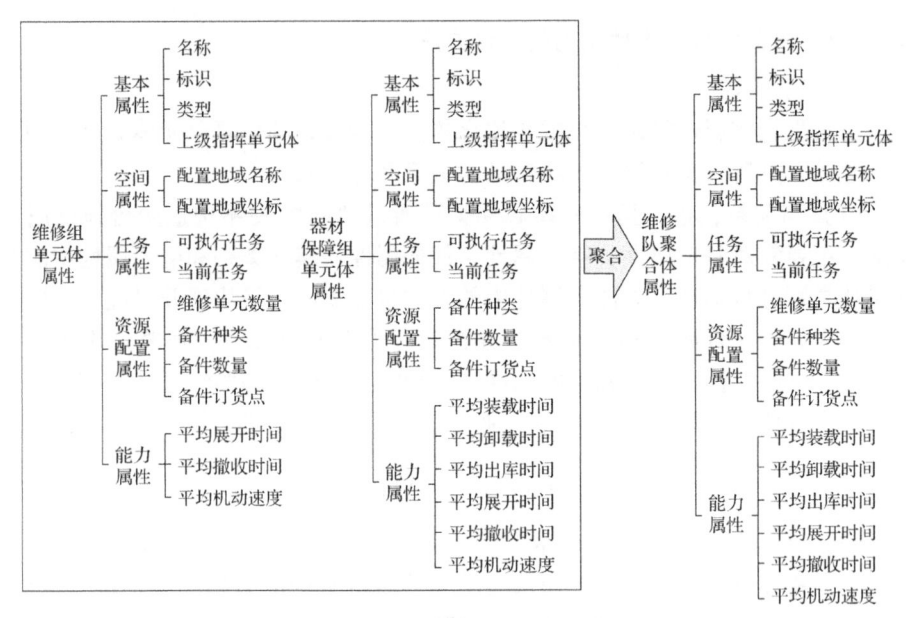

图 3-7 维修队聚合体属性类别聚合示例

聚合体维修单元数量的聚合思路是以聚合后聚合体的平均预期维修任务逗留时间与聚合前聚合体的实际平均维修任务逗留时间相一致为衡量标准，逐次逼近求得聚合体的维修服务台数量。

基本假设：各维修单元的维修能力相同。

首先计算聚合体的平均维修任务到达率 λ，其计算公式为

$$\lambda = \sum_{i=1}^{n} \lambda_i \tag{3-6}$$

式中：λ_i 表示与该聚合体有聚合关系的单元体 i 的平均维修任务到达率；n 表示与聚合体有聚合关系的单元体数量。

下面根据平均维修任务服务率定义，计算聚合体的平均维修任务服务率 μ，其计算公式为

$$\mu = \frac{\Delta t \lambda}{\sum_{i=1}^{n} \frac{\lambda_i \Delta t}{\mu_i}} = \frac{\lambda_i}{\sum_{i=1}^{n} \frac{\lambda_i}{\mu_i}} \tag{3-7}$$

式中：μ_i 表示与聚合体有聚合关系的单元体 i 平均维修任务服务率；$\Delta t \lambda$ 表示 Δt 时间内，聚合体的维修任务数量；$\lambda_i \Delta t$ 表示 Δt 时间内，与聚合体有聚合关系的单元体 i 的维修任务数量；$\frac{\lambda_i \Delta t}{\mu_i}$ 表示 Δt 时间内，与聚合体有聚合关系的单元体 i 的维修任务时间。

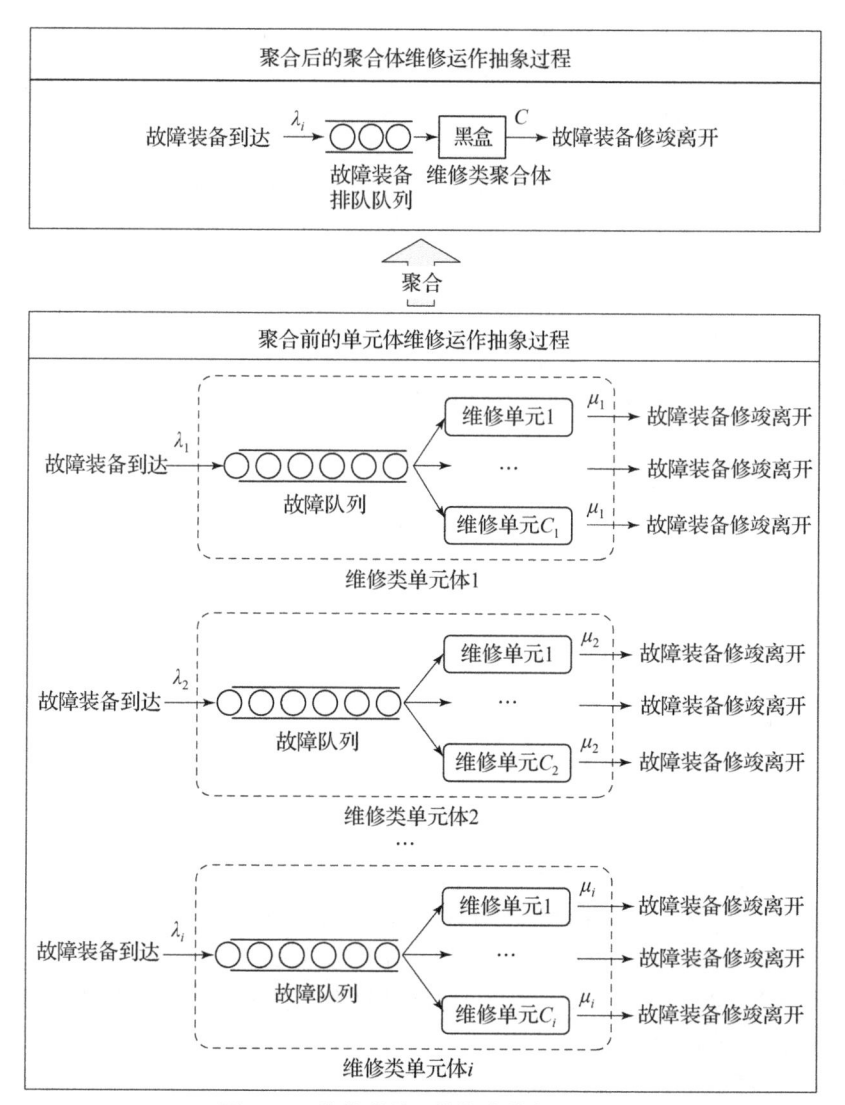

第3章　装备维修保障仿真实验参数与评价指标

图3-8　维修类单元体聚合抽象示意图

依据排队论中标准 $M/M/c$ 模型，计算聚合体的平均维修任务逗留时间之和与维修任务总数的比值，可得到聚合体的实际平均维修任务逗留时间 W_s，其计算公式为

$$W_s = \frac{\sum_{i=1}^{n}\sum_{k=1}^{m}W_{is}^{k}}{\lambda \Delta t} = \frac{\sum_{i=1}^{n}W_{is}\lambda_i \Delta t}{\lambda \Delta t} = \frac{\sum_{i=1}^{n}W_{is}\lambda_i}{\lambda} = \frac{\sum_{i=1}^{n}W_{is}\lambda_i}{\sum_{i=1}^{n}\lambda_i} = \frac{\sum_{i=1}^{n}L_{is}}{\sum_{i=1}^{n}\lambda_i}$$

43

$$= \frac{\sum_{i=1}^{n} L_{iq} + \frac{\lambda_i}{\mu_i}}{\sum_{i=1}^{n} \lambda_i} = \frac{\sum_{i=1}^{n}\left[\frac{C_i \lambda_i^{C_i+1} p_{io}}{C_i! \mu_i^{C_i-1}(C_i\mu_i - \lambda_i)^2} + \frac{\lambda_i}{\mu_i}\right]}{\sum_{i=1}^{n} \lambda_i} \quad (3-8)$$

式中：W_{is}^k 表示与聚合体有聚合关系的单元体 i 的第 k 条维修任务逗留时间；C_i 表示与聚合体有聚合关系的单元体 i 的维修单元数量；L_{is} 表示与聚合体有聚合关系的单元体 i 的平均维修单元队长。

$$p_{io} = \left[\sum_{k=0}^{c_i-1} \frac{1}{k!}\left(\frac{\lambda_i}{\mu_i}\right)^k + \frac{\lambda_i^{c_i}}{(c_i-1)!(c_i\mu_i - \lambda_i)\mu_i^{c_i-1}}\right]^{-1} \quad (3-9)$$

进一步可以计算聚合体的平均预期维修任务逗留时间 W_s'，其计算公式为

$$W_s' = \frac{L_s}{\lambda} = \frac{c\lambda^c p_o}{c!\ \mu^{c-1}(c\mu-\lambda)^2} + \frac{1}{\mu}$$

$$= \frac{c\lambda^c p_o \mu + c!\ \mu^{c-1}(c\mu-\lambda)^2}{c!\ \mu^c (c\mu-\lambda)^2} \quad (3-10)$$

其中，

$$p_o = \left[\sum_{k=0}^{c-1} \frac{1}{k!}(t\lambda)^k + \frac{\lambda^c}{(c-1)!\left(c\frac{1}{t}-\lambda\right)\left(\frac{1}{t}\right)^{c-1}}\right]^{-1} \quad (3-11)$$

式中：$c = \left\lceil \frac{\lambda}{\mu}\right\rceil$ 表示聚合体的维修单元预期最小数量；L_s 表示聚合体的平均预期维修单元队长。

比较聚合体的平均预期维修任务逗留时间 W_s' 与聚合体的平均维修任务逗留时间 W_s，并按如下步骤确定聚合体的维修单元数量 C。

步骤 1 如果 $W_s' < W_s$，则 c 即聚合体的维修单元数量 C；

步骤 2 如果 $W_s' > W_s$，c 加 1，重新计算聚合体的平均预期维修任务逗留时间 W_s'，直到 $W_s' < W_s$。

2）计算示例

假设现有三个专业 1 维修组单元体聚合成维修队聚合体，其聚合关系的 UML 静态图如图 3-9 所示。三个专业 1 维修组单元体的维修任务到达率、平均维修任务服务率以及维修单元数量分别为 $\lambda_1 = 0.9$，$\mu_1 = 0.8$，$C_1 = 5$；$\lambda_2 = 0.36$，$\mu_2 = 1$，$C_2 = 3$；$\lambda_3 = 0.36$，$\mu_3 = 1.2$，$C_3 = 3$，现计算维修队聚合体专业 1 维修单元数量。

首先计算维修队聚合体专业 1 的维修任务到达率 λ：

$$\lambda = 0.9 + 0.36 + 0.36 = 1.62$$

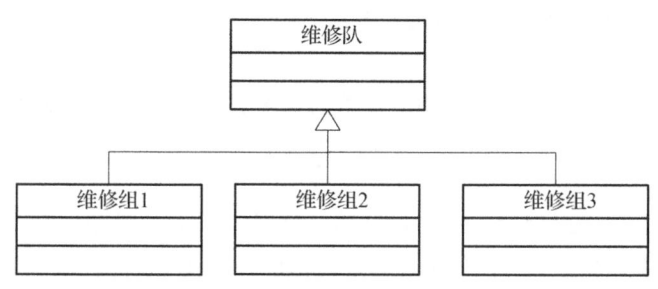

```
           ┌─────────────┐
           │   维修队    │
           ├─────────────┤
           │             │
           ├─────────────┤
           │             │
           └─────────────┘
                 △
      ┌──────────┼──────────┐
┌──────┴───┐ ┌───┴──────┐ ┌─┴────────┐
│ 维修组1  │ │ 维修组2  │ │ 维修组3  │
├──────────┤ ├──────────┤ ├──────────┤
│          │ │          │ │          │
├──────────┤ ├──────────┤ ├──────────┤
│          │ │          │ │          │
└──────────┘ └──────────┘ └──────────┘
```

图 3-9 维修队聚合的 UML 静态图

然后计算维修队聚合体专业 1 的维修任务平均服务率 μ：

$$\mu = \frac{0.9 + 0.36 + 0.36}{\frac{0.9}{0.8} + \frac{0.36}{1} + \frac{0.36}{1.2}} = 0.908$$

最后计算聚合体火炮专业的平均维修任务逗留时间 W_s：

$$W_s = \frac{\left[\frac{5 \times 0.9^6 \times 0.325}{5! \times 0.8^4 \times (5 \times 0.8 - 0.9)^2} + \frac{0.9}{0.8}\right]}{1.62} + \frac{\left[\frac{3 \times 0.36^4 \times 0.698}{3! \times 1^2 \times (3 \times 1 - 0.36)^2} + \frac{0.36}{1}\right]}{1.62}$$

$$+ \frac{\left[\frac{3 \times 0.36^4 \times 0.741}{3! \times 1.2^2 \times (3 \times 1.2 - 0.36)^2} + \frac{0.36}{1.2}\right]}{1.62} = 1.1038$$

由于 $c = \lceil \frac{\lambda}{\mu} \rceil = \lceil 1.748 \rceil = 2$，所以可假设维修队聚合体专业 1 的维修单元预期最小数量为 2。又因 $\lambda = 1.62$，$\mu = 0.908$，可算出维修队聚合体专业 1 的平均预期维修任务逗留时间 W'_s。当 $c = 2$ 时，$W'_s = 5.3931$；当 $c = 3$ 时，$W'_s = 1.4165$；当 $c = 4$ 时，$W'_s = 1.1636$；当 $c = 5$ 时，$W'_s = 1.1147$；当 $c = 6$ 时，$W'_s = 1.1041$；当 $c = 7$ 时，$W'_s = 1.1019 < W_s$。因此，维修队聚合体专业 1 维修单元数量为 7。

2. 备件数量属性值的聚合方法

聚合体备件数量的聚合是按备件种类进行的。假设聚合体的第 i 类备件数量为 S_i，与聚合体有聚合关系的仿真单元体数量为 n，第 k 个单元体的第 i 类备件数量为 S_{ik}，则聚合体备件数量属性值的聚合方法可表示为

$$S_i = \sum_{k=1}^{n} S_{ik} \qquad (3-12)$$

例如：现有两个器材组聚合为一个器材队，器材组 1 中第 i 类备件数量为 10；器材组 2 中第 i 类备件数量为 12，则聚合后器材队的第 i 类备件数量为 $10 + 12 = 22$。

3. 运输单元数量属性值的聚合方法

假设与聚合体有聚合关系的仿真单元体数量为 n，第 i 个仿真单元体的运输单元数量属性值 q_i，则聚合体运输单元数量属性值的聚合方法可表示为

$$q = \sum_{i=1}^{n} q_i \quad (3-13)$$

现有两个运输组聚合为一个运输队，运输组 1 的运输单元数量为 3，运输组 2 的运输单元数量为 5，则聚合后运输队的运输单元数量为 $3+5=8$。

3.3　装备维修保障仿真实验评价指标全集

在进行装备维修保障仿真实验时，必须明确评价指标。本书所使用的装备维修保障仿真系统从两个角度确定评价指标。一方面，评价装备维修保障系统自身运转情况的优劣，即面向装备维修保障系统的评价指标；另一方面，由于装备维修保障工作的最终服务对象是装备保障对象，故还需有面向装备保障对象系统的评价指标。

3.3.1　面向装备维修保障系统的评价指标

面向装备维修保障系统的评价指标，反映装备维修保障系统的运行效果。可以从装备维修保障任务完成情况、维修保障时间、维修保障资源的满足和利用情况三方面进行理解。

(1) 装备维修保障任务完成情况反映装备维修保障系统执行任务的总体能力。装备维修保障任务完成的好坏直接与保障需求、保障力量的规模、保障资源的利用息息相关，是反映装备维修保障系统运行质量的核心评价标准。尤其是在作战或训练任务中，装备维修保障任务完成情况最能客观地反映出整个装备维修保障系统对所属工作的执行能力。

(2) 维修保障时间反映装备维修保障系统服务的及时性，度量装备维修保障系统从受领维修任务，到完成维修任务所花费的时间，主要包括故障装备维修时间、后勤延误时间、维修资源运输延误时间和管理延误时间等。该类评价指标主要评价对时间有严格要求的维修保障任务。如在战场上，维修保障时间直接影响装备保障对象的部署、转移，故障装备功能的恢复及任务时序的顺利推进等。

(3) 维修保障资源的满足情况反映维修保障方案中资源配置的有效性，而维修保障资源利用情况则反映维修保障方案中资源配置的合理性，资源满足

或利用过低都不利于维修保障工作的正常进行。

针对装备维修保障仿真系统的四大类业务活动，即装备指挥活动、装备维修活动、器材保障活动、装备运输活动，结合上述对装备维修保障系统能力三个方面的考虑，分别提出了不同的评价指标。

1. 装备指挥保障业务的评价指标

装备指挥保障业务的评价指标主要体现在指挥保障服务时间上，可以用平均指挥服务时间描述，表示多次不同方式下的指挥决策时间的均值。平均指挥服务时间在装备维修保障系统的各个层次均适用。

2. 装备维修保障业务的评价指标

装备维修保障业务的评价指标应在保障任务完成情况、保障服务时间、保障资源的满足和利用情况等三方面都有体现。维修保障任务完成情况，主要从平均维修任务完成率上体现，表示单位时间内完成维修任务的数量。该参数在装备维修保障系统的各个层次均适用。

保障服务时间用平均维修服务时间度量，体现维修任务完成的时效性，该参数主要是针对最小维修保障单元层次的维修单元提出的，对于最小维修保障单元以上层次的维修保障系统不适用。

各类维修资源的满足和利用情况主要用维修单元利用率和备件保障度来描述，表征了某个时间段内，各类维修资源规模的满足和使用情况。上述参数同样也是针对最小维修保障单元层次的维修单元提出的，对于最小维修保障/指挥单元以上层次的维修保障系统不适用。

3. 器材保障业务的评价指标

器材保障业务的评价指标主要体现在保障服务时间及器材的满足和利用情况两方面。保障服务时间主要体现器材保障任务的时效性，用平均器材供应服务时间描述，该参数在装备维修保障仿真系统的各个层次均适用。

器材的满足和利用情况主要用平均备件满足率和平均备件利用率描述，表征了某个时间段内，各类器材的满足和利用情况。该参数在装备维修保障仿真系统的各个层次均适用。

4. 装备运输业务的评价指标

装备运输保障业务的评价指标主要体现在保障服务时间及运力的满足和利用情况两方面。保障服务时间主要表征装备运输保障任务的时效性，用平均装备运输服务时间描述，该参数在装备维修保障仿真系统的各个层次均适用。

运力的满足和利用情况主要用平均运力满足率和平均运力利用率描述，表征了某个时间段内，各类运力资源的满足和利用情况。该参数在装备维修保障仿真系统的各个层次均适用。

由此可将面向装备维修保障仿真系统的评价指标按层次进行规整,如表3-1所列。

表3-1 面向装备维修保障仿真系统的评价指标

参数类型	具体参数		适用层次
保障任务完成情况	维修保障业务活动	维修任务完成率	各层装备维修保障系统
保障服务时间	维修保障业务活动	平均维修服务时间	最小维修保障/指挥单元
	指挥保障业务活动	平均指挥服务时间	各层装备维修保障系统
	器材保障业务活动	平均器材供应服务时间	
	装备运输业务活动	平均装备运输服务时间	
资源规模满足和利用情况	维修保障业务活动	维修单元利用率	最小维修保障/指挥单元
		备件保障度	
	器材保障业务活动	平均备件满足率	各层装备维修保障系统
		平均备件利用率	
	装备运输业务活动	平均运力满足率	
		平均运力利用率	

3.3.2 面向装备保障对象的评价指标

在平时建制下,装备保障对象分为单装、装备基本作战单元和装备作战单元三层,而在任务过程中,则分为单装、最小任务单元和装备作战单元三层,如图3-10所示。最小任务单元是人为划分的,在实际的作战或训练中,当作战任务划分到所需的最低任务层次时,承担该作战任务的装备作战单元就称为最小任务单元,因此最小任务单元可包括多个装备基本作战单元。

单装层作为最底层的装备保障对象,一般关注其质量设计特性。而装备维修保障仿真系统是模拟最小任务单元及以上层次的维修保障活动,所以确定的是装备保障对象作为一个整体运行时的评价指标。

目前,主要用战备完好性和任务持续性来评价满足装备保障对象的各种维修保障要求,就陆军装备保障对象而言,常用的战备完好性指标包括战备完好率、使用可用度、能执行任务率;任务持续性指标包括任务可靠度、可信度、任务效能、任务成功率,如图3-11所示。

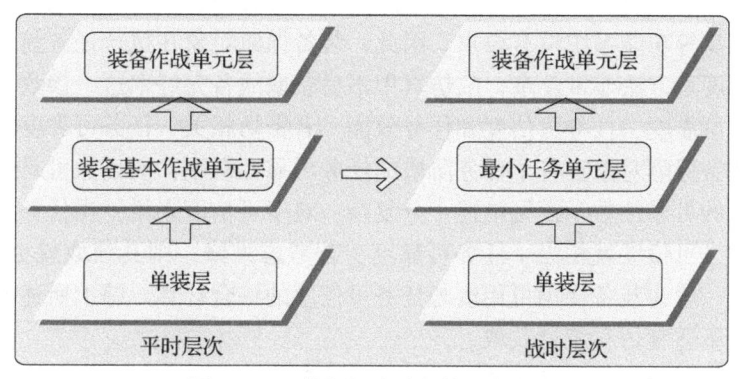

图 3-10 装备保障对象的层次结构

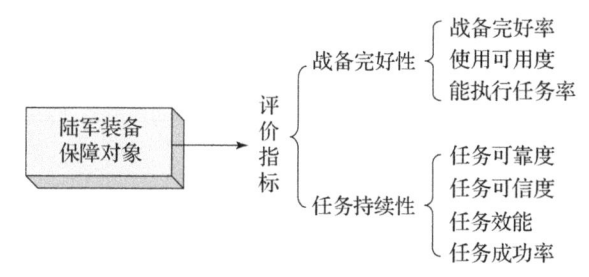

图 3-11 陆军装备保障对象常用评价指标

从仿真度量的角度来说，还需充分考虑这些评价指标仿真获取的可行性。

任务成功率描述的是其在一定的保障条件下完成作战任务的能力，可以用任务成功仿真完成次数与任务执行总次数之比来表示。这两个参数均适宜仿真获取。

能执行任务率由于与装备的使用频度有关，使用频度低，维修工作少，能执行任务率反而可能变高，因此不宜选取其作为评价指标。对于使用可用度来说，在最小任务单元层次，可以通过在仿真中统计各个任务阶段的装备可工作时间和不可工作时间求得，但在装备作战单元层，由于在任务过程中难以确定装备作战单元的致命性故障模式及其发生时间，难以确定致命性故障间的任务时间和恢复功能的任务时间，以及装备作战单元的可工作或不可工作状态，所以使用可用度也就无法计算。对于战备完好率来说，仿真中需要知道装备保障对象在执行任务前不发生故障的概率和装备保障对象中故障装备的维修时间不大于下一项任务开始时间的概率这两个关键参数，而装备保障对象一般包含多个最小任务单元，即便是最小任务单元，在作战任务的不同阶段对装备性能的要求也不相同，例如，在行军阶段只需装备的底盘系统保持正常即可，对其他

49

部分功能系统没有要求；在火力进攻阶段只需要观瞄、火力等功能系统正常即可，对底盘等功能系统没有要求。因此，装备保障对象在执行任务前不发生故障概率的度量方法非常复杂，故仿真中不易获取战备完好率这一参数。

任务可靠度、任务可信度和任务效能三者密切相关，任务可靠度的获取需要知道装备保障对象在各个任务阶段的任务可靠性框图，而任务可靠性框图各组成部分的可靠性数学模型描述十分复杂；对于可信度来说，当任务期间不允许维修时，可信度就相当于任务可靠度，若考虑维修，则其获取就更为复杂；任务效能一般为装备使用可用度与任务可信度的综合计算。综上所述，上述三个参数均不适宜仿真统计获取。

基于以上分析，装备维修保障仿真系统确定了战备完好性参数中的能执行任务率、使用可用度，以及任务持续性参数中的任务成功率作为面向装备保障对象的评价指标，如表3-2所列。

表3-2 面向装备保障对象的评价指标

评价指标	统计方式	计算模型	适用层次
任务成功率	多次仿真	各次仿真装备使用任务成功完成的次数/仿真次数	作战单元各层
使用可用度	单次仿真	总任务内基本作战单元可工作时间/总任务执行时间	基本作战单元
	多次仿真	各次仿真总任务使用可用度/仿真次数	

3.4 仿真实验参数初选

通过描述装备维修保障仿真系统相应仿真粒度层次的所有仿真实体属性，就可以得到装备维修保障仿真实验参数全集。具体到一个示例化的装备维修保障仿真系统来说，由于仿真实体多、各实体属性多，故所有仿真实体的属性数量巨大，也就是说，装备维修保障仿真实验参数全集所包含的仿真实验参数数量巨大，这将为装备维修保障仿真实验带来困难。

本节提出装备维修保障仿真实验参数全集的初步筛选原则，核心是裁减掉仿真实体属性中的标识性属性、确定性属性，以及明显对仿真运行结果影响不显著的属性。主要有以下几种。

（1）基本属性中的名称、标识、类型属性为仿真实体给定类型标签和ID号，对仿真运行结果没有影响；上级指挥单元属性的变化相当于保障指挥关系发生变化，这属于仿真模型构型变化的仿真实验，不是本书的研究范畴，基本属性不予考虑。

（2）任务属性中的当前任务属性是在仿真运行过程中自动填充标记的，对仿真运行结果没有影响；可执行任务属性的变化相当于维修保障业务活动发生变化，相应仿真底层所使用的仿真逻辑也将发生变化，这同样属于仿真模型构型变化的仿真实验，不是本书的研究范畴。综上，任务属性不予考虑。

（3）空间属性中的配置地域名称属于标识性属性，对仿真运行结果没有影响；配置地域坐标虽然属于不确定性属性，但本书所使用的装备维修保障仿真系统重在模拟装备维修保障的业务过程，仿真实体初始位置部署的变化对仿真运行结果的影响很小。综上，空间属性不予考虑。

需指出的是，对于那些初始位置部署变化对仿真运行结果影响显著的装维修保障仿真系统，在进行仿真实验时应将空间属性视为待考察的仿真实验参数。

通过上述装备维修保障仿真实验参数的初步筛选后，就只需考虑将仿真实体中的资源配置属性和能力属性作为装备维修保障仿真实验参数。

（1）资源配置属性：包括指挥单元数量、维修单元数量、备件数量、运输单元数量。

（2）能力属性：包括平均展开时间、平均撤收时间、平均机动速度、平均装载时间、平均卸载时间、平均出库时间。

由此可得到经实验参数初选后的装备维修保障仿真实验参数体系，如表3-3所列。

表3-3 初选后的仿真实验参数体系

参数名称	涉及的仿真实体	属性描述
指挥单元数量	装备指挥类单元体	该装备指挥类实体中指挥力量的编组数量
维修单元数量	装备维修类实体	该装备维修类实体中维修力量的编组数量
备件数量	装备维修类实体	该装备维修类单元体中携行备件的数量
	器材保障类实体	该器材保障类实体中备件的数量
运输单元数量	装备运输类单元体	该装备运输类实体中运输力量的编组数量
平均展开时间	装备指挥类实体	该仿真实体从展开到撤收的平均耗时
	装备维修类实体	
	器材保障类实体	
	装备运输类单元体	

续表

参数名称	涉及的仿真实体	属性描述
平均撤收时间	装备指挥类实体	该仿真实体从撤收到展开的平均耗时
	装备维修类实体	
	器材保障类实体	
	装备运输类单元体	
平均机动时间	装备指挥类实体	该仿真实体的单位公里耗时
	装备维修类实体	
	器材保障类实体	
	装备运输类单元体	
平均装载时间	器材保障类实体	该仿真实体将备件/物资从运输车下移动至运输车上的平均时间
	装备运输类单元体	
平均装载时间	器材保障类实体	该仿真实体将备件/物资从运输车上移动至运输车下的平均时间
	装备运输类单元体	
平均出库时间	器材保障类实体	该仿真实验将备件从库房移至装车地点的平均时间

3.5 备件参数综合

实践中发现，装备维修保障仿真系统所涉及的备件种类特别多，如一个保障机构的备件种类就多达几百种。如果将每个种类的备件数量都作为仿真实验参数，将造成实验参数急剧增加。当前，维修器材按基数进行配置，一个基数的某维修专业类器材中，各种备件数量比例是一定的。因此，当某一种类的备件数量发生变化时，其他种类的备件数量也应按比例发生变化，以保证相互间数量配置比例的约束。为此，本书提出如下的备件参数综合方法，以有效解决备件种类太多所带来的实验参数的维数"爆炸"问题。

1. 综合方法

基本思路：本书所使用的装备维修保障仿真系统底层关于备件保障决策的方法采用的是 (s, S) 策略。在仿真实验时，针对每一个仿真实体（包括单元体和聚合体），将该实体中大量不同种类的备件数量参数综合为一个可调整的备件数量参数,当调整这个备件数量参数时,该仿真实体中的各类备件数量按比例做相应调整,具体做法如下。

假设在某一个仿真实体中,综合后的备件数量为 S,订货点为 s,备件种类总数为 n,第 i 类备件数量为 S_i,订货点为 s_i,则各类备件数量综合为一个实验参数的方法为

$$S = \left\lceil \frac{\frac{\sum_{i=1}^{n} s_i}{n}}{\sum_{i=1}^{n} \frac{s_i}{S_i}} \right\rceil = \left\lceil \frac{\sum_{i=1}^{n} s_i}{\sum_{i=1}^{n} \frac{s_i}{S_i}} \right\rceil \qquad (3-14)$$

式中: $\dfrac{\sum_{i=1}^{n} s_i}{n}$ 表示所有种类备件的订货点均值; $\dfrac{\sum_{i=1}^{n} \dfrac{s_i}{S_i}}{n}$ 表示所有种类备件的订货点与最大库存的比例均值。

在仿真实验中,当调整备件数量综合参数 S 为 S^* 后,该仿真实体中第 i 类备件数量和备件订货点的变化规律为

$$\begin{cases} S_i^* = \left\lceil S_i \times \dfrac{S^*}{S} \right\rceil \\ s_i^* = \left\lceil s_i \times \dfrac{S^*}{S} \right\rceil \end{cases} \qquad (3-15)$$

这种简化的按比例调整的方式不仅近似符合当前器材保障工作实际,更重要的是,极大地裁减了实验参数数量。

2. 计算示例

假设某一仿真实体中涉及四种备件,分别为 $(s_1,S_1)=(5,10)$, $(s_2,S_2)=(4,6)$, $(s_3,S_3)=(7,12)$, $(s_4,S_4)=(3,6)$,求备件参数综合后的备件数量参数。

根据式(3-14),可计算出参数综合后的备件数量为

$$S = \left\lceil \frac{5+4+7+3}{\frac{5}{10}+\frac{4}{6}+\frac{7}{12}+\frac{3}{6}} \right\rceil = 9$$

在仿真实验中,假设将综合后的备件数量参数从 9 调整为 15,则根据式(3-15),各种类备件数量和备件订货点将相应调整为 $(s_1,S_1)=(9,17)$, $(s_2,S_2)=(7,10)$, $(s_3,S_3)=(12,20)$, $(s_4,S_4)=(5,10)$。

3.6 基于实验目的和质量功能展开的实验参数与评价指标确定

在得到用于装备维修保障仿真实验的实验参数与评价指标全集后，发现无论是实验参数还是评价指标都非常多，这是由于装备维修保障仿真系统存在大量输入、输出造成的。针对上述所有实验参数和评价指标进行仿真实验是不必要的，因为根据不同的仿真实验需求，所关心的实验参数和评价指标必然不尽相同。

QFD 是现代质量控制的经典方法，已成功运用于多领域的选择决策问题中。本书借鉴该方法，提出基于实验目的和 QFD 的实验参数与评价指标确定方法。

基本思路：从不同角度将装备维修保障仿真实验目的转换为仿真实验需求，将对仿真实验的需求展开为仿真实验参数和评价指标，通过对不同类型的专家进行咨询，确定仿真实验需求同仿真实验参数和评价指标的关系矩阵，进而得到各个仿真实验参数和评价指标的重要程度，结合仿真实验参数与评价指标的自相关矩阵，最终确定装备维修保障仿真实验的实验参数与评价指标。

根据 QFD 模型构建的一般过程，考虑到装备维修保障仿真实验参数和评价指标的确定不同于通常的产品开发或改进，不存在同行业的竞争性分析，因此本书设计了基于实验目的和 QFD 的仿真实验参数与评价指标确定的模型结构，如图 3-12 所示。其中，右墙的评价矩阵用实验需求项的重要度替换，针对装备维修保障仿真实验参数与评价指标确定的特点和要求，围绕模型结构，从 6 个方面提出了模型构造的基本方法。

（1）确定"左墙"（即 Whats 输入项矩阵）。它反映了对装备维修保障仿真实验的各种实验需求。本书从装备维修保障仿真实验目的出发，从不同角度分析装备维修保障仿真实验需求。

将装备维修保障仿真实验目的作为装备维修保障仿真实验的总需求。即探索装备维修保障系统运行的一般规律，为装备维修保障方案的优化与改进指明方向。

根据实验目的，指挥员会根据需要，关心不同层次的维修保障能力。装备维修保障仿真实验需求也就直接与指挥员研究问题的侧重点相关，不同人会从不同的出发点来研究问题，仿真实验的侧重点也会不一致，这将直接影响到实

第3章 装备维修保障仿真实验参数与评价指标

```
           5.自相
           关矩阵
    3.实验参数与评价指标(hows)
1.仿真实验   4.关系矩阵(whats-hows)   2.仿真
需求(whats)                          实验需求
                                    重要度
    6.实验参数与评价指标重要度
```

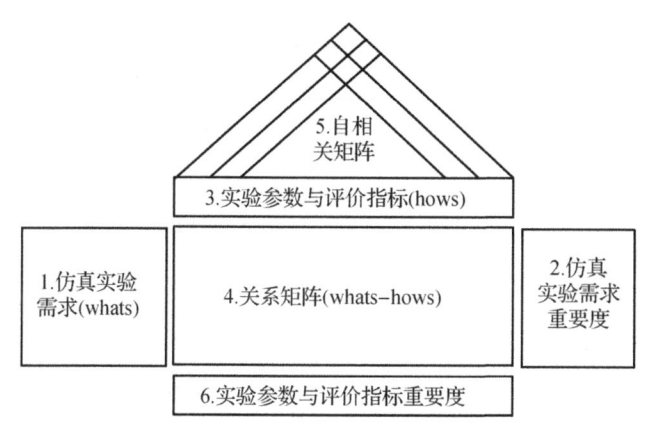

图 3-12　基于 QFD 的仿真实验参数与评价指标确定模型

验参数和评价指标的选取。此外，不同业务类别的维修保障能力也将产生对仿真实验的需求。由此可得到装备维修保障仿真实验的主需求，分别是指挥员的实验需求和维修保障能力的实验需求。

从指挥员的仿真实验主需求来看，可以从两个角度进行分析。

①保障指挥员：各级装备维修保障指挥员会关心本级的装备维修保障能力，因而也就会产生不同层次的仿真实验详细需求。从陆军战术级装备维修保障系统来看，主要包括伴随保障组指挥员实验需求、保障群指挥员实验需求和保障机构指挥员实验需求等。

②作战指挥员：装备维修保障服务的对象是装备保障对象系统，因此不同层次的作战指挥员也会产生仿真实验的详细需求。从陆军战术级装备保障对象系统来看，主要包括最小任务单元指挥员实验需求、装备作战单元指挥员实验需求。

从维修保障能力的仿真实验主需求来看，按照业务类别，包括装备指挥能力实验需求、维修能力实验需求、器材保障能力实验需求和装备运输能力实验需求。

由此可以归纳出装备维修保障仿真实验需求表，如表 3-4 所列。

表 3-4　装备维修保障仿真实验需求

总需求	主需求	详细需求	标号
仿真实验目的	指挥员	伴随保障组指挥员	R_1
		保障群指挥员	R_2
		保障机构指挥员	R_3

55

续表

总需求	主需求	详细需求	标号
仿真实验目的	指挥员	最小任务单元指挥员	R_4
		装备作战单元指挥员	R_5
	维修保障能力	装备指挥能力	R_6
		维修能力	R_7
		器材保障能力	R_8
		装备运输能力	R_9

（2）确定仿真实验需求重要度 W。本书通过咨询专家，以他们的经验为主要依据确定各项仿真实验需求的重要度分值。

仿真实验需求重要度 k_i 采用 1、2、3、4 表示各实验需求重要度等级：

1——略重要的实验需求；

2——较重要的实验需求；

3——非常重要的实验需求；

4——特别重要的实验需求。

具体做法：分别向 1 名装备使用任务建模人员、1 名装备保障对象系统建模人员、1 名装备维修保障系统建模人员、1 名装备维修保障仿真建模人员和 6 名维修保障专家咨询各个仿真实验需求的重要度。向建模人员咨询是因为他们熟悉装备维修保障仿真系统特点，向维修保障专家咨询是因为他们了解具体装备维修保障工作的一般规律。结合所提出的重要度评分原则，确定出各仿真实验需求的重要度，如表 3 – 5 所列。

表 3 – 5 仿真实验需求重要度

R_1	R_2	R_3	R_4	R_5	R_6	R_7	R_8	R_9
1	2	4	2	4	1	3	2	1

（3）确定"天花板"（即 Hows 矩阵）。它表示针对仿真实验需求，如何反映为对实验参数与评价指标的需求。实际上，由于表 3 – 3 所列的是影响仿真运行结果的仿真系统影响参数，所以这些实验参数就是实验需求展开出的实验参数需求。表 3 – 1 和表 3 – 2 是反映仿真运行结果的评价指标，这些评价指标也就是实验需求展开出的评价指标需求。

综上所述，实验参数与评价指标需求如表 3 – 6 所列。

表3-6 实验参数与评价指标需求

实验参数与评价指标需求	名称	标号
实验参数	指挥单元数量	P_1
	维修单元数量	P_2
	备件数量	P_3
	运输单元数量	P_4
	平均展开时间	P_5
	平均撤收时间	P_6
	平均机动时间	P_7
	平均装载时间	P_8
	平均卸载时间	P_9
	平均出库时间	P_{10}
评价指标	维修任务完成率	T_1
	平均维修服务时间	T_2
	平均指挥服务时间	T_3
	平均器材供应服务时间	T_4
	平均装备运输服务时间	T_5
	维修单元利用率	T_6
	备件保障度	T_7
	平均备件满足率	T_8
	平均备件利用率	T_9
	平均运力满足率	T_{10}
	平均运力利用率	T_{11}
	任务成功率	T_{12}
	使用可用度	T_{13}

57

(4) 确定"房间"（即相关关系矩阵 R）。它表示装备维修保障各项实验需求与实验参数和评价指标需求之间的关系。在确定这两者间的相关程度时，需综合考虑装备维修保障仿真实验目的、装备维修保障仿真系统的特点，并充分遵循专家的意见。具体打分标准：相关关系强，5 分；相关关系中，3 分；相关关系一般，1 分。仿真实验参数与评价指标的需求质量屋建立情况，如表 3 – 7 所列。

表 3 – 7　仿真实验参数与评价指标的需求质量屋

实验需求	仿真实验参数需求											评价指标需求												
	P_1	P_2	P_3	P_4	P_5	P_6	P_7	P_8	P_9	P_{10}	T_1	T_2	T_3	T_4	T_5	T_6	T_7	T_8	T_9	T_{10}	T_{11}	T_{12}	T_{13}
R_1	1	5	5		1	1	1				5	1	1		3	3	1	1				1	1
R_2	1	5	5	5	1	1	1	1	1	3	5		1	1			1	1	1	1		3	3
R_3	1	5	5	5	1	1	1	1	5		5		1	3	3		1	1				3	3
R_4		5	3	1		1					3	1					1	1	1		1	5	5
R_5		5	3	3							5						3	1	1		3	1	5
R_6	5					3						5											
R_7		5	3	1	1	1					5	3		3			3	1	1		1		
R_8			5				3	3	3					3			3	5	3		1	1	
R_9				5		5	1	1						5	5					5		5	

(5) 确定"屋顶"（即 Hows 的相关关系矩阵）。它表示 Hows（实验参数与评价指标需求）矩阵内各项目的关联关系。这一步可以使仿真实验人员在构建质量屋的过程中，明晰实验参数与评价指标自身的相关关系和强度，有助于仿真实验人员在选择实验参数与评价指标的过程中，更好地平衡各实验参数与评价指标的作用，提高实验参数与评价指标选择的科学性。本书中，用 "3，2，1" 分别表示 "强正相关，中正相关，弱正相关"。经过反复研讨并征询前述专家意见，提出了实验参数与评价指标的自相关关系矩阵，如图 3 – 13 所示。

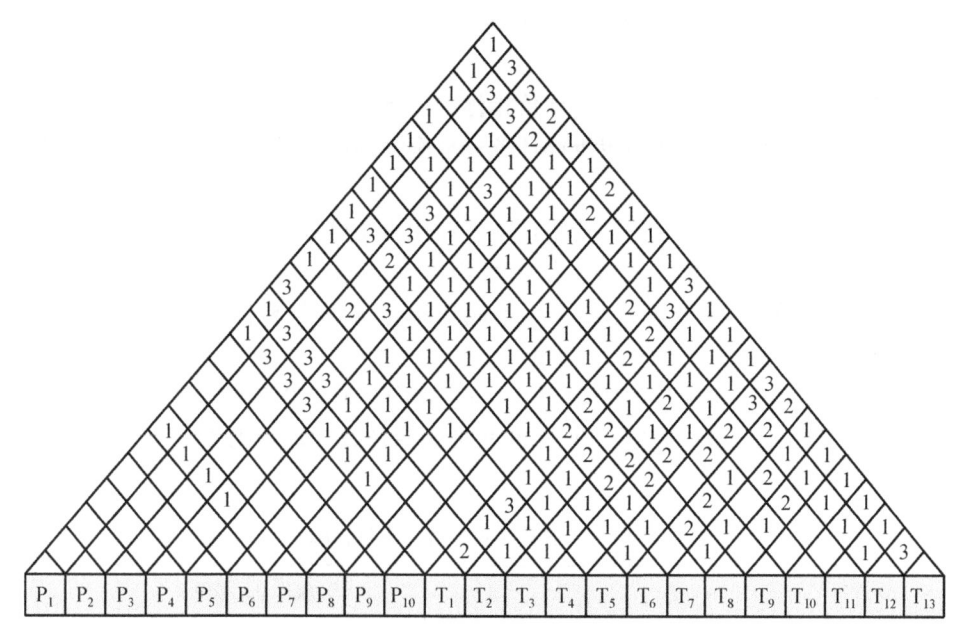

图3-13 自相关关系矩阵

通过观察自相关关系矩阵,仿真实验参数大多不存在自相关关系,彼此间几乎没有交互影响;但评价指标之间普遍存在较强的自相关关系。因此在确定实验参数与评价指标时,还需综合权衡。

(6)确定"地下室"(即Hows输出项矩阵)。根据关系矩阵和仿真实验需求重要度,就可计算得到各个仿真实验参数的重要度。通过计算,代表仿真实验参数与评价值指标重要度的"地下室"矩阵如表3-8所列。如指挥单元数量重要度 = 1×1+2×1+4×1+1×5 = 12。

表3-8 实验参数与评价指标重要度

编号	P_1	P_2	P_3	P_4	P_5	P_6	P_7	P_8	P_9	P_{10}	T_1	T_2
重要度	12	**80**	**72**	**52**	10	10	25	13	13	16	**76**	12

编号	T_3	T_4	T_5	T_6	T_7	T_8	T_9	T_{10}	T_{11}	T_{12}	T_{13}	
重要度	12	37	19	14	14	34	20	18	13	**49**	**41**	

从表3-8可以看出,在仿真实验参数中,维修单元数量、备件数量和运输单元数量三类实验参数的重要度明显高于其他仿真实验参数,由"屋顶"的相关关系矩阵可知,上述三类仿真实验参数不存在自相关关系,因

此确定维修单元数量、备件数量和运输单元数量作为仿真实验中所采用的实验参数。

在面向装备维修保障系统的评价指标中,维修任务完成率的重要度远大于其他同类评价指标,因此确定维修任务完成率为面向装备维修保障系统的评价指标。

在面向装备保障对象的评价指标中,使用可用度和任务成功率的重要度相当。通过自相关关系矩阵发现,使用可用度和任务成功率存在"强正相关"关系,因此可只将重要度最大的任务成功率作为面向装备保障对象的评价指标。

至此,以仿真实验目的为牵引,通过分析仿真实验需求,进而基于QFD的强大分析功能,最终确定出了装备维修保障仿真实验参数与评价指标,如表3-9所列。

表3-9 仿真实验参数与评价指标

	维修单元数量
仿真实验参数	备件数量
	运输单元数量
评价指标	维修任务完成率
	任务成功率

3.7 装备维修保障仿真实验参数构建示例

下面通过一个示例构建装备维修保障仿真实验参数体系。

图3-14是某仿真示例的装备维修保障系统组织结构,该组织结构描述了装备维修保障系统的设置和层级特征。由图可知,该仿真示例中的装备维修保障系统包含多个维修保障分系统,这些分系统由后方指挥所、保障2群、保障1群和保障3群等机构组成。

每一个维修保障分系统由多个维修保障/指挥力量构成,按照示例的装备维修保障系统的功能划分,包括装备保障指挥机构、维修机构、器材保障机构、装备运输机构等,在本例所示的装备维修保障系统中体现为指挥组、营伴随保障组、抢修队、供应队、装备运输队等。

第3章　装备维修保障仿真实验参数与评价指标

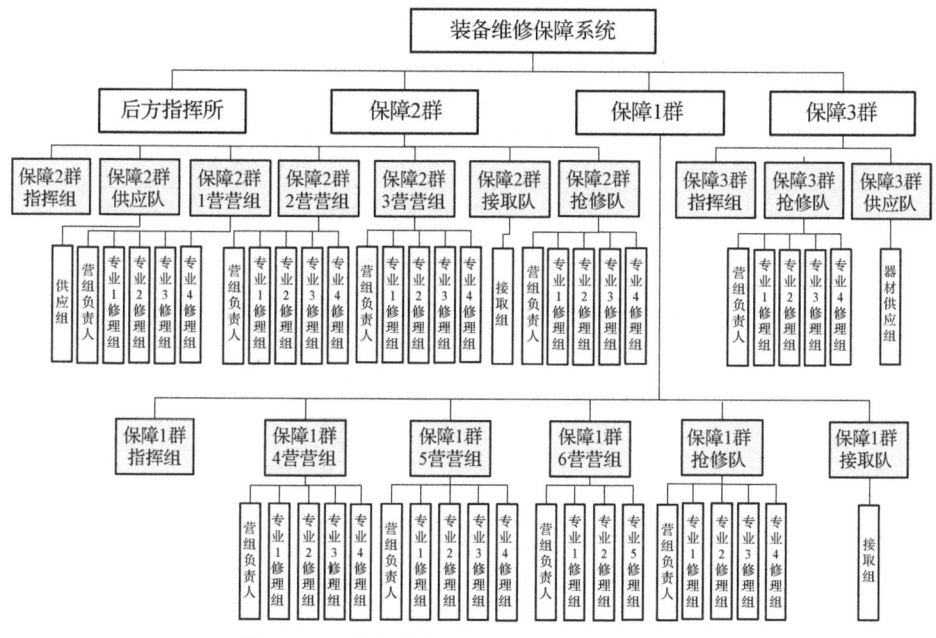

图 3-14　装备维修保障系统结构仿真示例图

每一个维修保障/指挥力量又涵盖多个同类或不同类的最小维修保障/指挥单元。最小维修保障/指挥单元是维修保障/指挥力量下辖的具有主观能动性的最小维修保障资源组合体。最小维修保障/指挥单元是维修保障任务的最小载体，在装备维修保障系统中通常具有不可再分性，其组成资源通常作为其配置属性进行描述。具体在本例中体现为营组负责人、各专业修理组、供应组和器材供应组等。

最小维修保障/指挥单元即是该仿真示例装备维修保障仿真系统所需构建的仿真单元体模型，最小保障/指挥单元层以上的各层仿真实体模型，则是在装备维修保障仿真单元体建模的基础上，在考虑相关的仿真需求和影响因素的前提下，对装备维修保障仿真聚合体模型进行的聚合建模。

假设在进行仿真实验时，示例的装备维修保障仿真系统运行在图 3-14 阴影所示的仿真实体层次，按照基于实验目的和 QFD 所确定的仿真实验参数，就可得到该仿真示例的装备维修保障仿真实验参数体系，包括三大类共 48 个仿真实验参数。

其中，维修单元数量类仿真实验参数共 35 个，如表 3-10 所列。由于维修单元数量属性聚合是按照维修专业类别进行的，所以聚合体将包含其单元体所有维修专业的属性类别。例如，保障 1 群抢修队聚合体将包括专业 1、专业

61

2、专业 3 和专业 4 共四类维修专业的属性类别，所以保障 1 群抢修队聚合体将包含 4 个专业维修单元数量的仿真实验参数。

表 3－10　维修单元数量类仿真实验参数

所属仿真实体	仿真实验参数
保障 1 群抢修队	1. 专业 1 数量
	2. 专业 2 数量
	3. 专业 3 数量
	4. 专业 4 数量
保障 1 群 4 营营组	5. 专业 1 数量
	6. 专业 2 数量
	7. 专业 3 数量
	8. 专业 4 数量
保障 1 群 5 营营组	9. 专业 1 数量
	10. 专业 2 数量
	11. 专业 3 数量
	12. 专业 4 数量
保障 1 群 6 营营组	13. 专业 1 数量
	14. 专业 2 数量
	15. 专业 5 数量
保障 2 群抢修队	16. 专业 1 数量
	17. 专业 2 数量
	18. 专业 3 数量
	19. 专业 4 数量
保障 2 群 1 营营组	20. 专业 1 数量
	21. 专业 2 数量
	22. 专业 3 数量
	23. 专业 4 数量

续表

所属仿真实体	仿真实验参数
保障2群2营营组	24. 专业1数量
	25. 专业2数量
	26. 专业3数量
	27. 专业4数量
保障2群3营营组	28. 专业1数量
	29. 专业2数量
	30. 专业3数量
	31. 专业4数量
保障3群抢修队	32. 专业1数量
	33. 专业2数量
	34. 专业3数量
	35. 专业4数量

运输单元数量类仿真实验参数共两个，如表3–11所列。

表3–11 运输单元数量类仿真实验参数

所属仿真实体	仿真实验参数
保障1群接取队	1. 运输组数量
保障2群接取队	2. 运输组数量

备件数量类仿真实验参数共11个，如表3–12所列。

表3–12 备件数量类仿真实验参数

所属仿真实体	仿真实验参数
保障1群抢修队	1. 备件数量
保障1群4营营组	2. 备件数量
保障1群5营营组	3. 备件数量
保障1群6营营组	4. 备件数量

续表

所属仿真实体	仿真实验参数
保障 2 群供应队	5. 备件数量
保障 2 群抢修队	6. 备件数量
保障 2 群 1 营营组	7. 备件数量
保障 2 群 2 营营组	8. 备件数量
保障 2 群 3 营营组	9. 备件数量
保障 3 群供应队	10. 备件数量
保障 3 群抢修队	11. 备件数量

由此可见，所得到的该仿真示例的装备维修保障仿真实验参数数量仍然很多。假设每个实验参数取两个水平，在不考虑多次运行每个仿真实验点的情况下，全面仿真实验将进行 2^{48} 次仿真运行，带来巨大的仿真开销，因此必须进行仿真实验设计研究。

3.8　本章小结

装备维修保障仿真实验参数和评价指标确定，是基于装备维修保障仿真系统进行仿真实验研究的起点。本章在获取装备维修保障仿真实验参数全集和评价指标全集的基础上，针对仿真实验参数数量巨大的问题，对仿真实验参数进行初步筛选和备件参数综合，进而提出基于实验目的和 QFD 的仿真实验参数和评价指标抽取方法，为联合确定实验参数和评价指标提供方法支持。

第 4 章

装备维修保障仿真实验设计

装备维修保障仿真实验设计的目的是科学制定仿真实验方案。本章通过分析装备维修仿真实验设计的基本问题，改进实验方案的制定流程，提出实验方案的评价指标，研究实验方案的制定方法，最终为装备维修保障仿真实验方案的优化设计奠定基础。

4.1 装备维修保障仿真实验设计问题分析

实验设计的结果是形成实验方案。传统的实验设计由于所涉及的实验参数和参数水平数较少，采用如正交设计等方法就可直接解决实验方案的制定问题。对于装备维修保障仿真实验设计来说，实验参数众多。从装备维修保障仿真实验参数构建示例看，所确定的仿真实验参数多达 48 个。因此，直接依据传统方案制定的仿真实验方案已无法解决问题。

为此，本书提出：先对仿真实验参数做进一步筛选，提取影响装备维修保障仿真系统运行的主因素，再针对主因素进行实验方案设计。如图 4-1 所示。

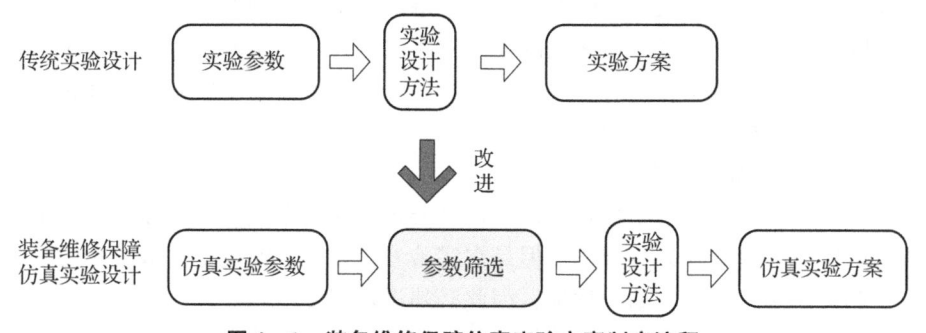

图 4-1 装备维修保障仿真实验方案制定流程

在确定装备维修保障仿真实验方案的制定流程后，就需研究如何设计出一个科学合理的仿真实验方案。依据装备维修保障仿真实验目的，制定装备维修保障仿真实验方案应遵循以下两个方面的考虑。

（1）能够达到一定的仿真实验精度（置信度）。

（2）实验计算量适中，仿真运行时间可以承受。

由此可见，要设计出一个好的装备维修保障仿真实验方案，必须在仿真精度与仿真开销间寻求平衡，最终目的是既达到有效探索装备维修保障系统运行规律，为设计与优化系统提供支持，又使得仿真开销可为实验人员所接受。

根据上述两方面考虑，结合装备维修保障仿真实验的特点，本书提出以下装备维修保障仿真实验方案的评价指标。

（1）单个仿真实验点的仿真运行次数；

（2）实验参数维度；

（3）实验参数水平数。

上述评价指标实际也就是装备维修保障仿真实验方案的设计要素，装备维修保障仿真实验方案的制定就是围绕上述要素进行设计的。

1. 单个仿真实验点的仿真运行次数

仿真模型中随机因子的驱动将带来随机的输出，装备维修保障仿真系统就是这样一个大型随机仿真系统。相同输入下单次仿真运行结果具有随机性，工程上常用多次仿真运行结果的均值代替仿真运行结果期望的方式做近似研究。显然，仿真运行次数越多，误差越小，实验精度越高，然而所带来的是仿真开销增大的矛盾。因此，需在满足统计分析精度要求的前提下，合理确定仿真实验次数。

2. 实验参数维度

由于装备维修保障仿真实验数量众多，直接针对所有实验参数探索系统运行规律，仿真开销巨大。实际上，并不是每个实验参数都对仿真运行有显著影响。因此，需研究仿真实验参数的筛选方法，从大量的实验参数中，筛选出部分影响显著的实验参数进行方案设计，目的是既降低仿真实验开销，又在一定程度上保证仿真实验结果的置信度。

3. 实验参数水平数

仿真实验参数的水平数直接影响仿真分析结果的精度。取较多的参数水平数可更好地挖掘系统运行规律，但是在实验参数一定的情况下，取较多的参数水平数又会带来仿真开销的增加，因此必须进行权衡。

由此可见，上述三个评价指标很好地反映了装备维修保障仿真实验方案的优劣，有必要研究其优化方法。

4.2 实验设计方法选取

在对方案要素进行设计前,首先要明确所选用的实验设计方法。方法本身既要拥有较好控制仿真开销的特性,更要为后续装备维修保障仿真实验的数据分析带来便利。

4.2.1 选取思路

本书按照"常用实验设计方法特性分析→是否满足装备维修维修保障仿真实验数据分析需求"的逻辑确定所选用的实验设计方法,其选取思路如图4-2所示。

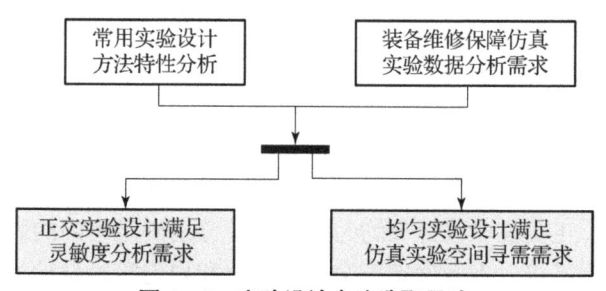

图4-2 实验设计方法选取思路

目前,实验设计方法较多,但工程上公认有效且最为常用的是正交实验设计和均匀实验设计。其基本思想都是从实验参数的全面组合中,抽样出具有代表性的实验点进行实验,达到既能较好地反映全部实验点所蕴含的信息,又能大大缩减仿真开销的目的。

对于正交实验设计来说,由于正交表的正交性,使得最后得到的实验方案中既考虑了待考察的所有实验参数的全部水平,也考虑了任意两个实验参数的所有水平,使得实验效果接近全面实验的实验效果。此外,通过正交表抽样出的实验点近似均衡地分布在整个实验空间中,具有很强的代表性,这为综合比较某一实验参数的变化对评价指标的影响带来便利。从对实验数据的处理方式上看,基于正交表的实验数据分析方式较为灵活,适用于常见的极差分析和方差分析等,能够用于确定主因素,也能在一定精度范围内,确定出最优参数水平组合。

均匀实验设计则单纯追求实验点在实验空间中的均衡分布,由于每个实验参数的每个水平都只做一次实验,使得实验点在实验空间中均有很强代表性的同时,大大裁减了实验规模。但从实验数据的分析方式上看,由于所抽样出的实验点不具备"整齐可比"的特性,所以不能用于极差分析和方差分析,其数据分析手段不如正交实验设计灵活。但与正交实验设计相比,均匀实验设计的实验点数量只是参数的水平数,因而特别适用于实验参数水平数较多的情况,可以在一个更大的实验空间中开展数据的分析工作。

具体到装备维修保障仿真实验来说,其实验设计方法的选取不仅要考虑有效降低仿真开销,更重要的是要便于后续的仿真实验数据分析。

从减少仿真开销情况看,正交实验设计所涉及的仿真实验点数量至少是参数水平数的平方,但相较全面仿真实验来说,还是有效减少了仿真开销。均匀实验设计涉及的仿真实验点只是参数的水平数,极大地减少了仿真开销。

从满足实验数据分析需求看,装备维修保障仿真实验数据分析需求包括灵敏度分析和仿真实验空间寻需。灵敏度分析要求能够确定影响装备维修保障仿真系统运行的主因素,并确定实验参数的最优水平组合,极差分析和方差分析就能较好地满足这种需求,因此正交实验设计较为适用。仿真实验空间寻需寻求的只是满意的实验子空间,希望初始仿真实验空间较大,即要求实验参数水平数取较大的值,正交实验设计所涉及的仿真实验点数量至少是参数水平数的平方。从这一点上看,使用正交实验设计将带来仿真开销的剧增,而均匀实验设计则能解决这一矛盾,能够较好满足仿真实验空间寻需的数据分析需求。

综上所述,正交实验设计和均匀实验设计分别满足不同的装备维修保障仿真实验数据分析需求,因此确定正交实验设计和均匀实验设计为本书所选用的实验设计方法。

4.2.2 正交实验设计

4.2.2.1 基本原理

正交实验设计是利用正交表来设计仿真实验方案的一种方法。正交表一般可记为 $L_M(Q^F)$,其中 L 表示正交表,F 为该表的列数,表示可用于分析的仿真实验影响因素数量,Q 表示每个实验参数的水平数,M 为该表的行数,表示抽样出的仿真实验点数量。表 4-1 所列是正交表 $L_9(3^4)$。

表 4-1 正交表 $L_9(3^4)$

实验号	列号			
	1	2	3	4
1	1	1	1	1
2	1	2	2	2

续表

实验号	列号			
	1	2	3	4
3	1	3	3	3
4	2	1	2	3
5	2	2	3	1
6	2	3	1	2
7	3	1	3	2
8	3	2	1	3
9	3	3	2	1

从表4-1可以看出：正交表具有"正交""整齐"和"可比"三大特点。"正交"是指在正交表中，任意一列中各水平都出现，且出现次数相等，任意两列间各种不同水平的所有可能组合都出现，且出现的次数相等；"整齐"是指任意一列的各水平都出现，这使得形成的仿真实验方案中包含了实验参数的所有水平，任意两列间的所有水平组合全部出现，使得任意两参数的实验组合都是全面实验；"可比"是指在正交表中，任意一列中各水平的出现次数都相等，任意两列间所有可能的水平组合出现的次数也相等。

图4-3给出了基于正交表$L_9(3^4)$进行三实验参数三水平的正交实验设计的仿真实验空间抽样分布情况。

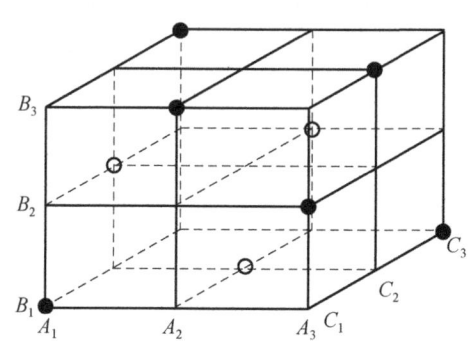

图4-3 基于$L_9(3^4)$的仿真实验空间抽样分布

由以上分析可见，基于正交表设计仿真实验方案，具有"均衡分布"和"整齐可比"的特性。"均衡分布"特性使得利用正交表抽样出的仿真实验点在仿真实验空间中的分布是均匀的；"整齐可比"特性使得利用正交表抽样出的仿真实验点，其每个仿真实验参数的各个水平对评价指标的影响具有统计可比性。

常用的两水平正交表有 $L_4(2^3)$、$L_8(2^7)$、$L_{12}(2^{11})$、$L_{16}(2^{15})$、$L_{32}(2^{31})$；三水平正交表有 $L_9(3^4)$、$L_{18}(3^7)$、$L_{27}(3^{13})$。

4.2.2.2 正交表构造

正交表通常可借助查表的方式获取，当针对的具体问题无适用的正交表时，可根据正交表构造方法生成满足问题需求的正交表，在此基础上设计装备维修保障仿真实验方案。许多学者致力于正交表构造算法的研究，常见的有 Hadmard 矩阵构造、有限域构造等，上述研究大多集中在等水平正交表的构造上。

本书重点不是研究正交表的构造算法，而是寻找正交表的快速生成算法，用于对装备维修保障仿真实验方案进行设计，以满足仿真分析人员的需要。参考文献 [62] 的正交表构造算法，提出了等水平正交表构造的伪码，为计算机生成正交表提供依据，如表 4-2 所列。

记 $L_M(Q^F) = [a_{i,j}]_{M \times F}$，其中 $a_{i,j}$ 表示第 i 个仿真实验点的第 j 个实验参数的水平值，$a_{i,j} \in \{1,2,\cdots,Q\}$，$a_j$ 表示正交表 $[a_{i,j}]_{M \times F}$ 的第 j 列。

若 $j = 1,2,\dfrac{Q^3-1}{Q-1}+1,\cdots,\dfrac{Q^{J-1}-1}{Q-1}+1$，则称 a_j 为基本列，其他的列称为非基本列，其中 Q 为素数，且 $M = Q^J$，J 满足式 $\dfrac{Q^J-1}{Q-1} \geq F$。

表 4-2 正交表生成伪码

1. 选择最小的 J 满足 $\dfrac{Q^J-1}{Q-1} \geq F$；
2. 如果 $\dfrac{Q^J-1}{Q-1} = F$，
   $F' = F$，否则 $F' = \dfrac{Q^J-1}{Q-1}$
3. 按照如下步骤构造基本列：
   for $k = 1$ to J do
   $\quad j = \dfrac{Q^{k-1}-1}{Q-1} + 1$；
   for $i = 1$ to Q^J do
   $\quad a_{i,j} = \left\lfloor \dfrac{i-1}{Q^{J-1}} \right\rfloor \bmod Q$
   end for
   end for

续表

> 4. 按照如下步骤构造非基本列：
> for $k = 2$ to J do
> $$j = \frac{Q^{k-1} - 1}{Q - 1} + 1;$$
> for $s = 1$ to $j - 1$ do
> $a_{j + (s-1)(q-1) + t} = (a_s \times t + a_j) \bmod Q$
> end for
> end for
> 5. 对于所有的 $1 \leq i \leq M$ 且 $1 \leq j \leq F'$，逐一增加 $a_{i,j}$；
> 6. 删除 $L_{QJ}(Q^{F'})$ 中位于最后的 $F' - F$ 列，即得到 $L_M(Q^F)$，这里 $M = Q^J$。

根据上述正交表的快速生成算法，通过分析待考察的仿真实验影响因素数量及实验参数的变化范围，就可得到满足精度要求的正交表。

4.2.2.3 设计步骤

参考一般正交实验设计步骤，面向装备维修保障仿真实验设计问题，提出基于正交表的仿真实验方案设计步骤如下。

1. 确定仿真运行次数

针对单一仿真实验点，确定满足一定置信水平要求下的仿真运行次数。具体方法将在4.3节中介绍。

2. 确定仿真实验参数和参数水平

对仿真实验参数进行定量筛选，选取主因素作为方案设计的实验参数，具体方法将在4.4节中介绍。确定每个实验参数的水平，包括水平值和水平数。其中水平值根据专家经验确定，水平数的确定在兼顾专家经验的同时，还应将4.5节的参数水平数确定方法作为辅助分析依据。

3. 选择合适的正交表

在确定实验参数及其水平后，就应选择合适的正交表。正交表选择的基本原则是在能够安排所有仿真实验影响因素的前提下，优先选用仿真开销最小的正交表，但有时为了提高仿真分析精度，也可选用实验规模较大的正交表。一般情况下，仿真实验影响因素数量应小于或等于正交表的列数，如需估计仿真实验误差，仿真实验影响因素的数量应至少比正交表的列数少1。

4. 表头设计

表头设计就是把仿真实验影响因素正确安排到所选正交表的各列当中。因为正交表的每一列等价，可任意互换，因此当只考查仿真实验参数的主效应时，其表头设计就是将待考察的仿真实验参数在所选正交表中任意上列即可。当需考察仿真实验参数间的交互效应时，其表头设计须按照与所选正交表对应的交互作用列表进行。

5. 制定仿真实验方案

把正交表中安排的各仿真实验参数列中的每个水平数字换成该仿真实验参数的实际水平值，便得到了仿真实验方案。

最后需强调的是，考虑交互效应时的正交表选择和表头设计应注意以下几点。

（1）两个与正交表有关的自由度。

①正交表的自由度为仿真实验点的数量减1，即 $f_{表} = n - 1$，其中 n 是表的行数。

②正交表列的自由度为水平数减1，即 $f_{列} = m - 1$，其中 m 是该列仿真实验参数的水平数。例如，在正交表 $L_8(2^7)$ 中，表的自由度 $f_{表} = 8 - 1 = 7$，任意一列的自由度 $f_{列} = 2 - 1 = 1$。

（2）仿真实验参数及其交互效应的自由度。

①仿真实验参数的自由度为其水平数减1。

②仿真实验参数交互效应的自由度为对应的两个仿真实验参数的自由度乘积，如参数 B 和参数 D 都取两水平，其交互效应的自由度为 $f_{B \times D} = f_B \times f_D = 2 \times 2 = 4$。

在表头设计时须注意以下三点。

①仿真实验参数的自由度 = 所在列的自由度。

②交互效应的自由度 = 所在列的自由度。

③所有仿真实验参数及其交互效应的自由度之和小于或等于所选正交表的自由度。

4.2.3 均匀实验设计

4.2.3.1 基本原理

均匀实验设计是利用均匀表来设计仿真实验方案的，利用均匀表进行仿真实验设计的突出特点是每个仿真实验参数的每个水平只做一次实验。均匀表一般记为 $U_n(q^s)$ 或 $U_n^*(q^s)$，其中 U 表示均匀表，s 为该表的列数，表示可考查的仿真实验影响因素，q 表示每个仿真实验参数的水平数，n 为该表的行数，表示抽样出的仿真实验点数量，*代表不同类型的均匀表，通常加"*"的均匀表均匀性更好。均匀表 $U_7(7^4)$ 和 $U_7^*(7^4)$ 如表4-3和表4-4所列。

表 4-3 均匀表 $U_7(7^4)$

实验号	列号			
	1	2	3	4
1	1	2	3	6
2	2	4	6	5
3	3	6	2	4
4	4	1	5	3
5	5	3	1	2
6	6	5	4	1
7	7	7	7	7

表 4-4 均匀表 $U_7^*(7^4)$

实验号	列号			
	1	2	3	4
1	1	3	5	7
2	2	6	2	6
3	3	1	7	5
4	4	4	4	4
5	5	7	1	3
6	6	2	6	2
7	7	5	3	1

每个均匀表都有一个附加的使用表，表示均匀表中各列所组成的仿真实验方案的均匀度，用以指导如何进行表头设计。表 4-5 和表 4-6 分别是均匀表 $U_7(7^4)$ 和 $U_7^*(7^4)$ 的使用表。

表 4-5 $U_7(7^4)$ 的使用表

s	列号				D
2	1	3			0.2938
3	1	2	3		0.3721
4	1	2	3	4	0.4760

表 4-6 $U_7^*(7^4)$ 的使用表

s	列号			D
2	1	3		0.1582
3	2	3	4	0.2132

表中，D 表示均匀度的衡量标准——偏差（discrepancy），其值越小，均匀度越好。假设现考虑 2 个仿真实验影响因素的均匀实验设计，由于表 4-6 中 1、3 两列的偏差比起表 4-5 更小，故优先使用均匀表 $U_7^*(7^4)$ 的第 1 列和第 3 列来设计仿真实验方案。

4.2.3.2 均匀表的构造

均匀表通常可借助查表的方式获取，当针对的具体问题无适用的均匀表时，可根据均匀表构造方法生成满足问题需求的均匀表，在此基础上设计装备维修保障仿真实验方案。目前常见的均匀表构造方法有拉丁方法、随机优化法等，上述研究大多集中在等水平均匀表的构造上。

本书的重点不是研究均匀表的构造算法，而是寻找均匀表的快速生成算法，用于对装备维修保障仿真实验方案进行设计，以满足仿真分析人员的需要。参考文献 [60] 提出的好格子点法，提出了在给定仿真实验点数量 n 时，好格子点法构造等水平均匀表的伪码，为计算机生成均匀表提供依据，如表 4-7 所列。

表 4-7 均匀表生成伪码

---

1. 寻找比 n 小的整数 h，使 n 和 h 的最大公约数为 1，将符合条件的整数组成向量 $H_n = \{h_1, h_2, \cdots, h_m\}$，$m$ 由欧拉函数 $\varphi(n)$ 确定；
2. 将 H_n 作为均匀表的第一行，均匀表的 $u_{ij} = ih_j (\bmod n)$，$(\bmod n)$ 表示同余运算；
3. 记上述生成的表为 $U_n(n^s)$。

上面生成的均匀设计表有 n 行 s 列，即实验点为 n，实验影响因素为 s。当 n 为偶数时，m 值较小，根据方开泰的建议，可将 $U_{n+1}((n+1)^s)$ 表的最后一行去掉得到 $U_n^*(q^s)$。

4.2.3.3 设计步骤

基于均匀表的仿真实验设计步骤同基于正交表的仿真实验设计步骤类似，包括确定仿真运行次数、确定仿真实验参数和参数水平、选择合适的均匀表、表头设计和制定仿真实验方案等五个步骤。

需注意的是，在均匀实验设计中，合理确定仿真实验参数的水平值十分重要，要求仿真实验参数的水平是等间隔连续取值的，不等间隔的水平值代入均匀表后会导致表的均匀性发生变化。此外，由于均匀表各列之间具有相关性，所以在基于均匀表 $U_n(n^s)$ 进行仿真实验方案设计时，最多只能安排 $\left[\frac{s}{2}\right]+1$ 个仿真实验影响因素，$\left[\frac{s}{2}\right]$ 表示不超过 $\frac{s}{2}$ 的最大整数。上述两点在工程运用中常被忽略。

4.3 单个仿真实验点的仿真运行次数确定

装备维修保障仿真系统包含大量随机因子，针对同一仿真实验点，每次仿真运行结果具有随机性，因此每个仿真实验点需运行多次仿真系统来统计评价指标。显然，仿真运行次数越多，所得到的统计值越逼近真值。然而过多的仿真运行次数将增加仿真开销。因此需解决在一定置信度下，仿真运行次数的估算问题，达到仿真开销与仿真精度间的平衡。3.6 节中所确定的评价指标包括任务成功率和维修任务完成率，由于其单次仿真运行输出具有不同特性，下面分别对其进行研究。

4.3.1 任务成功率的仿真运行次数确定

单次仿真时，（装备使用）任务或成功（用"1"表示）或失败（用"0"表示），需多次运行仿真系统才能确定任务成功率 p（成功的任务数/仿真总次数）。由于每次仿真运行的初始条件相同且相互独立，故可假设随机变量 Y_1，$Y_2,\cdots,Y_n$ 是来自于 0–1 分布的总体 Y，Y 的分布律为
$$f(y;p) = p^y(1-p)^{1-y}, x = 0,1$$
其中 p 是未知参数，就是待求的任务成功率。本书希望得到在给定 p 的置信区间 $[\bar{y}_n - \lambda, \bar{y}_n + \lambda]$ 和置信水平 $1-\alpha$ 时，仿真运行次数 n，其中 $\bar{y}_n$ 为样本均值，$\lambda \in (0,1) < \bar{y}$ 是给定的一常数。有

$$\bar{y}_n = \frac{\sum_{i=1}^{n} y_i}{n} \qquad (4-1)$$

当 n 较大时，由于总体 $Y \sim B(1,p)$，因此其均值和方差分别为
$$\mu = p, \sigma^2 = p(1-p) \qquad (4-2)$$

那么对于随机变量 $Y_1, Y_2, \cdots, Y_n$ 来说，根据中心极限定理，有

$$\frac{\sum_{i=1}^{n} y_i - np}{\sqrt{np(1-p)}} = \frac{n\bar{y}_n - np}{\sqrt{np(1-p)}} \sim N(0,1) \qquad (4-3)$$

则

$$P\left\{-z_{\frac{\alpha}{2}} < \frac{n\bar{y}_n - np}{\sqrt{np(1-p)}} < z_{\frac{\alpha}{2}}\right\} \approx 1-\alpha \qquad (4-4)$$

而

$$-z_{\frac{\alpha}{2}} < \frac{n\bar{y}_n - np}{\sqrt{np(1-p)}} < z_{\frac{\alpha}{2}} \qquad (4-5)$$

可整理为

$$(n + z_{\frac{\alpha}{2}}^2)p^2 - (2n\bar{y}_n + z_{\frac{\alpha}{2}}^2) + n\bar{y}_n^2 < 0 \qquad (4-6)$$

令

$$p_l = \frac{1}{2a}(-b - \sqrt{b^2 - 4ac}) \qquad (4-7)$$

$$p_h = \frac{1}{2a}(-b + \sqrt{b^2 - 4ac}) \qquad (4-8)$$

其中

$$a = n + z_{\frac{\alpha}{2}}^2 \qquad (4-9)$$

$$b = -(2n\bar{y}_n + z_{\frac{\alpha}{2}}^2) \qquad (4-10)$$

$$c = n\bar{y}_n^2 \qquad (4-11)$$

则 p 在置信水平为 $1-\alpha$ 的置信区间为 $[p_l, p_h]$。

通过以上推导，一边运行仿真系统，一边对任务成功率进行分析判断，就可解决在给定置信区间和置信度要求下，任务成功率的仿真运行次数确定问题。具体做法如下：

步骤1 如果 $[\bar{y}_n - \lambda, \bar{y}_n + \lambda] \subseteq [p_l, p_h]$，则认为当前仿真运行次数满足仿真精度要求，结束运行该仿真实验点，否则转步骤2。

步骤2 再运行仿真系统1次，对所有仿真样本重新计算求 $[p_l, p_h]$，转步骤1。

4.3.2 维修任务完成率的仿真运行次数确定

单次仿真时，每次仿真运行的初始条件相同且相互独立，故可假设维修任务完成率（单次仿真运行完成的维修任务数/产生的维修任务总数）Y_1，$Y_2, \cdots, Y_n$ 来自于正态分布的总体 Y，Y 的分布律为

$$f(y;\mu,\sigma) = \frac{1}{2\pi\sigma}\exp\left\{-\frac{(y-\mu)^2}{2\sigma^2}\right\}, x \in \mathbf{R} \quad (4-12)$$

式中：μ 是未知参数，就是待求的维修任务完成率 p。

本书希望得到在给定 p 的置信区间 $[\bar{y}_n - \lambda, \bar{y}_n + \lambda]$ 和置信水平 $1-\alpha$ 时，仿真运行次数 n，其中，$\bar{y}_n$ 为样本均值，$\lambda \in (0,1) < \bar{y}$ 是给定的一常数。有

$$\bar{y}_n = \frac{\sum_{i=1}^{n} y_i}{n} \quad (4-13)$$

当 n 较大时，由于总体 $Y \sim N(\mu,\sigma^2)$，因此其均值和方差分别为

$$\mu = p, \sigma_n^2 = \frac{\sum_{i=1}^{n}(y_i - \bar{y})^2}{n-1} \quad (4-14)$$

那么对于随机变量 $Y_1, Y_2, \cdots, Y_n$ 来说，根据中心极限定理，有

$$\frac{\sum_{i=1}^{n} y_i - np}{\sqrt{n}\sigma_n} = \frac{n\bar{y}_n - np}{\sqrt{n}\sigma_n} = \frac{\bar{y}_n - p}{\sigma_n/\sqrt{n}} \sim N(0,1) \quad (4-15)$$

于是 $E(Y)$ 落入区间 $\left[\bar{y}_n - t_{n-1,\frac{\alpha}{2}}\frac{\sigma_n}{\sqrt{n}}, \bar{y}_n + t_{n-1,\frac{\alpha}{2}}\frac{\sigma_n}{\sqrt{n}}\right]$ 的概率为 $1-\alpha$，即

$$P\left\{E \in \left[\bar{y}_n - t_{n-1,\frac{\alpha}{2}}\frac{\sigma_n}{\sqrt{n}}, \bar{y}_n + t_{n-1,\frac{\alpha}{2}}\frac{\sigma_n}{\sqrt{n}}\right]\right\} \approx 1-\alpha \quad (4-16)$$

则 $E(Y)$ 将以 $1-\alpha$ 的置信水平落于区间

$$\left[\bar{y}_n - t_{n-1,\frac{\alpha}{2}}\frac{\sigma_n}{\sqrt{n}}, \bar{y}_n + t_{n-1,\frac{\alpha}{2}}\frac{\sigma_n}{\sqrt{n}}\right] \quad (4-17)$$

其中，$t_{n-1,\frac{\alpha}{2}}$ 表示仿真运行 n 次，置信水平为 α 的 t 分布的临界点。

令

$$p_l = \bar{y}_n - t_{n-1,\frac{\alpha}{2}}\frac{\sigma_n}{\sqrt{n}} \quad (4-18)$$

$$p_h = \bar{y}_n + t_{n-1,\frac{\alpha}{2}}\frac{\sigma_n}{\sqrt{n}} \quad (4-19)$$

则 p 在置信水平为 $1-\alpha$ 的置信区间为 $[p_l, p_h]$。

通过以上推导，一边运行仿真系统，一边对维修任务完成率进行分析判断，就可解决在给定置信区间和置信水平要求下，维修任务完成率的仿真运行次数确定问题。具体做法如下：

步骤1　如果 $[\bar{y}_n - \lambda, \bar{y}_n + \lambda] \subseteq [p_l, p_h]$，则认为当前仿真运行次数满足仿

真精度要求，结束运行该仿真实验点，否则转步骤2。

步骤2 再运行仿真系统1次，对所有仿真样本重新计算求$[p_l, p_h]$，转步骤1。

4.3.3 示例分析

1. 任务成功率的仿真运行次数确定

以某仿真示例的装备维修保障仿真实验为例，取仿真实验参数的初始值作为测试用例，置信水平为$1-\alpha=0.95$。

当该测试用例仿真运行到第90次时，统计得到其中任务成功次数为74次。由于任务成功率是一个来自服从伯努利分布总体的参数，此时有$n=90$，$\bar{y}_{90}=\dfrac{74}{90}=0.8222$，$1-\alpha=0.95$，$\dfrac{\alpha}{2}=0.025$，$z_{\frac{\alpha}{2}}=1.96$，计算可得

$$a = n + z_{\frac{\alpha}{2}}^2 = 91.96$$
$$b = -(2n\bar{y}_{90} + z_{\frac{\alpha}{2}}^2) = -151.8376$$
$$c = n\bar{y}_{90}^2 = 60.8412$$

于是，$p_l = 0.6843, p_h = 0.9668$。

综上可得，任务成功率在置信水平为0.95时的置信区间为$[0.6843, 0.9668]$。

如果任务成功率的置信区间要求为$[\bar{y}_n - 0.06, \bar{y}_n + 0.06]$，有$[0.6843, 0.9668] \supset [\bar{y}_{90} - 0.06, \bar{y}_{90} + 0.06] = [0.7622, 0.8822]$，不满足精度要求，表明还需继续对该仿真实验点进行实验。

当该测试用例仿真运行到第100次时，统计得到其中任务成功次数为86次。此时有$n=100$，$\bar{y}_{100}=\dfrac{86}{100}=0.86$，$1-\alpha=0.95$，$\dfrac{\alpha}{2}=0.025$，$z_{\frac{\alpha}{2}}=1.96$，计算可得

$$a = n + z_{\frac{\alpha}{2}}^2 = 101.96$$
$$b = -(2n\bar{y}_{100} + z_{\frac{\alpha}{2}}^2) = -173.96$$
$$c = n\bar{y}_{100}^2 = 73.96$$

于是，$p_l = 0.8045$，$p_h = 0.9017$。

综上可得，任务成功率在置信水平为0.95时的置信区间为$[0.8045, 0.9017]$。

由于任务成功率的置信区间要求为$[\bar{y}_n - 0.06, \bar{y}_n + 0.06]$，有$[0.8045, 0.9017] \subseteq [\bar{y}_{100} - 0.06, \bar{y}_{100} + 0.06] = [0.80, 0.92]$，满足精度要求，故此时可停止对该仿真实验点的继续实验。

2. 维修任务完成率的仿真运行次数确定

以某仿真示例的装备维修保障仿真实验为例，取仿真实验参数的初始值作

为测试用例，置信水平为 $1-\alpha=0.95$。

该测试用例仿真运行前 8 次的维修任务完成率的仿真实验数据如表 4-8 所列。

表 4-8 测试用例的多次仿真实验数据

仿真运行次数	1	2	3	4	5	6	7	8
维修任务完成率	0.8857	0.8983	0.8964	0.8764	0.8631	0.8597	0.8762	0.8961

由于维修任务完成率是一个来自服从正态分布总体的参数，计算维修任务完成率在置信水平为 0.95 时，前 7 次仿真运行的置信区间。此时有 $n=7$，$1-\alpha=0.95$，$\frac{\alpha}{2}=0.025$，$n-1=6$，$t_{6,\frac{\alpha}{2}}=2.4469$。可算得 $\bar{y}_7=0.8794$，$\sigma_7=0.0150$。

于是

$$p_l = 0.8794 - \frac{0.0150}{\sqrt{7}} = 0.8737$$

$$p_h = 0.8794 + \frac{0.0150}{\sqrt{7}} = 0.8851$$

综上可得，维修任务完成率在置信水平为 0.95 时的近似置信区间为 $[0.8797,0.8851]$。

如果维修任务率的置信区间要求为 $[\bar{y}_n-0.0055,\bar{y}_n+0.0055]$，有 $[0.8797,0.8851] \supset [\bar{y}_7-0.0055,\bar{y}_7+0.055] = [0.8799,0.8849]$，不满足精度要求，表明还需继续对该仿真实验点进行实验。

接着计算维修任务完成率在置信水平为 0.95 时，前 8 次仿真运行的置信区间。此时有 $n=8$，$1-\alpha=0.95$，$\frac{\alpha}{2}=0.025$，$n-1=7$，$t_{7,\frac{\alpha}{2}}=2.3646$。可算得 $\bar{y}_8=0.8815$，$\sigma_8=0.0151$。

于是

$$p_l = 0.8815 - \frac{0.0151}{\sqrt{8}} = 0.8762$$

$$p_h = 0.8815 + \frac{0.0151}{\sqrt{8}} = 0.8868$$

综上可得，维修任务完成率在置信水平为 0.95 时的置信区间为 $[0.8762,0.8868]$。

由于维修任务率的置信区间要求为 $[\bar{y}_n-0.0055,\bar{y}_n+0.0055]$，有 $[0.8762,0.8868] \subseteq [\bar{y}_8-0.05,\bar{y}_8+0.5] = [0.8760,0.8870]$，满足精度要求，故可停止对该仿真实验点的继续实验。

4.4　实验参数定量筛选

4.4.1　筛选思路

实际上，依据 Pareto 定理，在大型复杂随机仿真系统中，只有少量影响参数的变化会对仿真运行有显著影响。这奠定了装备维修保障仿真实验参数定量筛选研究的理论基础。

目前，常用的主因素分析方法是通过正交设计对实验数据做极差分析或方差分析实现的。装备维修保障仿真实验参数众多，不能一次针对全部实验参数进行正交设计，要提取大量仿真实验参数中的主因素，可先将实验参数进行分组，再分别对每组实验参数进行正交设计，通过极差分析或方差分析提取主因素，放弃影响不显著的实验参数。反复迭代这一过程，最终确定出所有的主因素。其基本思路如图 4-4 所示。

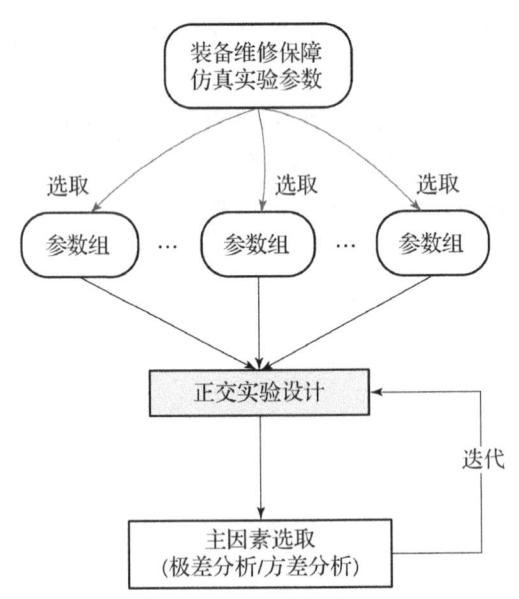

图 4-4　基于正交实验的实验参数定量筛选

以某仿真示例的装备维保障仿真实验参数的定量筛选为例，为选取主因素，假设在不考虑参数间交互效应的情况下，先将这 48 个实验参数分为 7 组，每组用正交表 $L_8(2^7)$ 进行方案设计，将涉及 $8 \times 7 = 56$ 个仿真实验点。若换作其他常见正交表，所涉及的仿真实验点数量相当。如换作正交表 $L_4(2^3)$，涉及 64 个仿真实验点；换作 $L_{12}(2^{11})$，涉及 60 个仿真实验点。可见，按照基于正交实验的实验参数定量筛选办法，其仿真开销较大。

当前，每年的冬季仿真会议十分重视仿真实验参数筛选方法的研究，其目的就是解决大型复杂仿真系统实验参数庞大的问题。已相继提出顺序分支法、二阶段组合筛选法等参数筛选方法。文献 [64] 利用顺序分支法对爱立信大型仿真模型进行分析，仅通过运行 21 个仿真实验点，便从 92 个实验参数中筛选出了 11 个显著影响参数。由此可见，顺序分支法的筛选效率很高。

本书提出将参数筛选方法用于装备维修保障仿真实验参数的定量筛选，以筛选出影响装备维修保障仿真系统运行的主因素。其基本思路如图 4-5 所示。

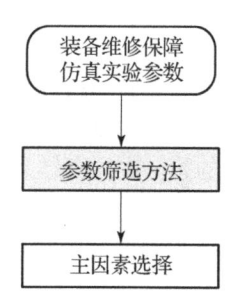

图 4-5 基于筛选法的实验参数定量筛选

上述利用仿真实验参数筛选方法选取主因素的改进，在降低仿真开销的同时，实现了仿真实验参数的降维。

4.4.2 顺序分支法

在给出本书所使用的仿真实验参数定量筛选方法之前，首先介绍目前工程上使用最为普遍且高效的仿真实验参数筛选方法——顺序分支（Sequential Bifurcation，SB）法。

顺序分支法最早是由 Bettonvil 和 Kleijnen 提出的，该方法利用仿真实验参数在仿真系统某一输入区间内单调的特性，通过评价指标最大值与最小值之间的差值来判断实验参数的重要程度，进而实现仿真实验参数的筛选。利用顺序分支法筛选仿真实验参数的基本思路是限定所有的仿真实验参数为两个值，记为高水平和低水平，通过改变部分实验参数的取值，不断缩小关键实验参数的范围，并最终确定关键的仿真实验参数。

一般仿真系统的实验参数与评价指标的关系可描述为 $y = f(X) + \varepsilon$，SB 法假设仿真元模型为带有随机变量的一阶多项式形式

$$y = \beta_0 + \sum_{i=1}^{n} \beta_i x_i + \varepsilon \qquad (4-20)$$

其中，x_i 代表仿真系统的某个实验参数 i 的取值；y 是某一评价指标；β_i 代表实验参数 x_i 对于 y 的主效应，即灵敏度值；ε 代表仿真系统的随机误差。顺序分支法的筛选目标就是找出 $\beta_i > \eta$ 的 x_i，其中，x_i 即为关键的仿真实验参数，

η 为给定的阈值。

为消除仿真实验参数量纲和取值范围不同所带来的影响,使得实验参数的实际主效应大小可按 β_i 的大小排序,令

$$x_i = \frac{z_i - \frac{h_i + l_i}{2}}{\frac{h_i - l_i}{2}} \quad (4-21)$$

式中:z_i 为实际进行仿真实验时的 x_i 取值;h_i 和 l_i 分别表示 z_i 的上下限值。

假设 $y_{j,r}$ 表示实验参数 $x_1 \sim x_j$ 取高水平、$x_{j+1} \sim x_n$ 取低水平时,某一评价指标 y 的第 r 次仿真结果,其中 j 代表实验参数的分组点。在对实验参数进行分组时,假设第 j^* 到第 j 个实验参数为一组,且 $j^* \leq j$,那么该组总的灵敏度等于各个实验参数的灵敏度之和,可表示为

$$\begin{aligned}\beta_{j^*-j} &= \sum_{i=j^*}^{j} \beta_i = \lim_{N \to \infty} \frac{1}{N} \sum_{r=1}^{N} \beta_{j^*-j,r} \\ &= \lim_{N \to \infty} \frac{1}{N} \sum_{r=1}^{N} \frac{y_{j,r} - y_{j^*,r}}{2}\end{aligned} \quad (4-22)$$

则顺序分支法的一般操作步骤如下:

步骤1 把仿真实验参数分成两组,分组方式可以是均分等;

步骤2 计算各组的灵敏度 β_{j^*-j};

步骤3 如果某一组的 $\beta_{j^*-j} \leq \eta$,则此组内的所有仿真实验参数对于评价指标的影响都是不显著的,去掉;

步骤4 如果某一组的 $\beta_{j^*-j} > \eta$,则此组内的所有仿真实验参数保留。重复步骤 1~4,直到找出所有关键的仿真实验参数。

4.4.3 改进的顺序分支法

基本 SB 法筛选有效的前提是仿真元模型近似为不考虑实验参数间二阶交互效应的一阶多项式。

这样的假设有一定的科学依据,因为对于一般仿真系统而言,仿真实验参数间的绝大部分交互效应是不存在或是非常小的,所以在工程实践中,一般只考虑部分二阶交互效应,甚至只考虑仿真实验参数的主效应。

Wan 等最早提出考虑参数间二阶交互效应改进 SB 法。装备维修保障仿真系统是复杂大型仿真系统,如果将基本 SB 法直接应用于装备维修保障仿真实验参数筛选,可能因实验参数间交互效应的存在,使得筛选结果遗漏掉对评价指标有显著影响的实验参数。为此,本书应用改进的 SB 法对装备维修保障仿真实验参数进行定量筛选。

假设装备维修保障仿真系统的元模型为具有二阶交互效应和随机仿真误差的一阶多项式形式：

$$y = \beta_0 + \beta_1 x_1 + \cdots + \beta_n x_n + \beta_{1,2} x_1 x_2 + \cdots + \beta_{n-1,n} x_{n-1} x_n + \varepsilon \quad (4-23)$$

式中：x_i代表装备维修保障仿真系统的某个实验参数 i 的取值；y 是某一评价指标；β_j 代表实验参数 x_j 对于 y 的主效应；$\beta_{n-1,n}$代表实验参数 x_{n-1} 和实验参数 x_n 对于 y 的交互效应；ε 代表仿真系统的随机误差。

为消除仿真实验参数量纲和取值范围不同所带来的影响，使得实验参数的实际主效应大小可按 β_j 的大小排序，令

$$x_i = \frac{z_i - \dfrac{h_i + l_i}{2}}{\dfrac{h_i - l_i}{2}} \quad (4-24)$$

式中：z_i 为进行仿真实验时的 x_i 取值；h_i 和 l_i 分别表示 z_i 的上下限值。

分析上述带二阶交互效应的装备维修保障仿真元模型可以发现：当仿真实验参数间的二阶交互效应确实存在时，实验参数相对于评价指标的总效应将会出现偏差，特别是实验参数间存在大的负交互效应时，可能与重要的主效应相抵消而影响仿真实验参数的筛选结果。为此，做如下处理。

令 $w_{j,r}$ 表示实验参数 $x_1 \sim x_j$ 取高水平、$x_{j+1} \sim x_n$ 取低水平时，某一评价指标 y 的第 r 次仿真结果，其中 j 代表实验参数的分组点。

引入 $w_{-j,r}$ 表示实验参数 $x_1 \sim x_j$ 取低水平、$x_{j+1} \sim x_n$ 取高水平时，某一评价指标 y 的第 r 次仿真结果，其中 j 代表实验参数的分组点。

假设第 j^* 到第 j 个实验参数为一组，且 $j^* \leq j$，根据装备维修保障仿真元模型及上述定义，可得到 $j^* - j$ 实验参数组总的灵敏度的无偏估计为

$$\hat{\beta}_{j^*-j,r} = \frac{[w_{j,r} - w_{-j,r}] - [w_{(j^*-1),r} - w_{-(j^*-1),r}]}{4} \quad (4-25)$$

实验参数 x_j 的主效应估计为

$$\hat{\beta}_{j,r} = \frac{[w_{j,r} - w_{-j,r}] - [w_{(j-1),r} - w_{-(j-1),r}]}{4} \quad (4-26)$$

可见，通过 $w_{-j,r}$ 的引入，消除了装备维修保障仿真实验参数间的二阶交互效应对实验参数主效应估计的影响。

进一步假设每个仿真实验点运行 m 次，可得到 $j^* - j$ 实验参数组总的灵敏度的估计均值为

$$\bar{\hat{\beta}}_{j^*-j} = \frac{\sum_{r=1}^{m} \hat{\beta}_{j^*-j,r}}{m} \quad (4-27)$$

$j^* - j$ 实验参数组总的灵敏度的估计均值标准差为

$$s(\overline{\widehat{\beta}}_{j^*-j}) = \sqrt{\frac{\sum\limits_{r=1}^{m}(\widehat{\beta}_{j^*-j,r}-\overline{\widehat{\beta}}_j)^2}{m(m-1)}} \qquad (4-28)$$

同理可得，实验参数 x_j 的主效应估计的均值和标准差分别为

$$\overline{\widehat{\beta}}_j = \frac{\sum\limits_{r=1}^{m}\widehat{\beta}_{j,r}}{m} \qquad (4-29)$$

$$s(\overline{\widehat{\beta}}_j) = \sqrt{\frac{\sum\limits_{r=1}^{m}(\widehat{\beta}_{j,r}-\overline{\widehat{\beta}}_j)^2}{m(m-1)}} \qquad (4-30)$$

上述改进的 SB 法将更好地应用于参数间存在二阶交互效应的装备维修保障仿真实验参数的定量筛选中，其他具体筛选步骤同 SB 法，不再赘述。

4.4.4 筛选示例

下面在 3.4 节某仿真示例的装备维修保障仿真实验参数构建基础上，以维修任务完成率作为评价指标，利用改进的 SB 法对仿真实验参数进行定量筛选。

基本思路：将 48 个仿真实验参数视为一个大的参数组合，按照改进 SB 法的原理检验该组参数对维修任务完成率是否有显著效应。若有，则将这 48 个实验参数分组；若无，则表明这 48 个仿真实验参数对维修任务完成率无显著影响，停止筛选。当把 48 个仿真实验参数分为两个组后，继续用改进 SB 法进行定量筛选。依此步骤，将有显著效应的参数组不断分为更小的子组，放弃没有显著效应的子组，最终筛选出对维修任务完成率显著的仿真实验参数。

阈值 η 表示单个实验参数或参数组的灵敏度值的分界限值，是根据筛选过程中得到的各实验参数或参数组的灵敏度值的大小逐步分析确定的。通过不断的筛选发现单个实验参数的灵敏度值 $\beta > 0.02$ 的参数很少，因此可认为灵敏度值 $\beta > 0.02$ 的参数就是影响仿真系统运行的显著实验参数。包含两个实验参数且灵敏度值 $\beta < 0.03$ 的参数组对仿真系统运行影响不显著的实验参数组，为减少筛选的仿真开销，舍弃。

由此约定：

①仿真实验参数 i 的筛选阈值为 $\eta_i = 0.02$，当 $\beta_i > 0.02$ 时，该参数对仿真运行影响显著；当 $\beta_i < 0.02$ 时，放弃这个实验参数。

②两个仿真实验参数 i 和 j 的筛选阈值为 $\eta_{i+j} = 0.03$，当 $\beta_{i+j} > 0.03$ 时，继续对这两个实验参数进行筛选；当 $\beta_{i+j} < 0.03$ 时，放弃这两个参数。

通过咨询专家意见，结合具体装备使用任务背景，定义该仿真示例的装备维修保障仿真实验参数的高低水平如表4-9所列。

表4-9 仿真实验参数高低水平定义

序号	参数名称	低水平	高水平
1	保障1群抢修队专业1数量	1	18
2	保障1群抢修队专业2数量	1	18
3	保障1群抢修队专业3数量	1	18
4	保障1群抢修队专业4数量	1	18
5	保障1群4营营组专业1数量	1	18
6	保障1群4营营组专业2数量	1	18
7	保障1群4营营组专业3数量	1	18
8	保障1群4营营组专业4数量	1	18
9	保障1群5营营组专业1数量	1	18
10	保障1群5营营组专业2数量	1	18
11	保障1群5营营组专业3数量	1	18
12	保障1群5营营组专业4数量	1	18
13	保障1群6营营组专业1数量	1	18
14	保障1群6营营组专业2数量	1	18
15	保障1群6营营组专业5数量	1	18
16	保障2群抢修队专业1数量	1	18
17	保障2群抢修队专业2数量	1	18
18	保障2群抢修队专业3数量	1	18
19	保障2群抢修队专业4数量	1	18
20	保障2群1营营组专业1数量	1	18
21	保障2群1营营组专业2数量	1	18
22	保障2群1营营组专业3数量	1	18
23	保障2群1营营组专业4数量	1	18

续表

序号	参数名称	低水平	高水平
24	保障2群2营营组专业1数量	1	18
25	保障2群2营营组专业2数量	1	18
26	保障2群2营营组专业3数量	1	18
27	保障2群2营营组专业4数量	1	18
28	保障2群3营营组专业1数量	1	18
29	保障2群3营营组专业2数量	1	18
30	保障2群3营营组专业3数量	1	18
31	保障2群3营营组专业4数量	1	18
32	保障3群抢修队专业1数量	1	18
33	保障3群抢修队专业2数量	1	18
34	保障3群抢修队专业3数量	1	18
35	保障3群抢修队专业4数量	1	18
36	保障1群接取队运输组数量	3	20
37	保障2群接取队运输组数量	3	20
38	保障1群抢修队备件数量	2	28
39	保障1群4营营组备件数量	2	28
40	保障1群5营营组备件数量	2	28
41	保障1群6营营组备件数量	2	28
42	保障2群供应队备件数量	2	28
43	保障2群抢修队备件数量	2	28
44	保障2群1营营组备件数量	2	28
45	保障2群2营营组备件数量	2	28
46	保障2群3营营组备件数量	2	28
47	保障3群供应队备件数量	2	28
48	保障3群抢修队备件数量	2	28

由于实验参数筛选需进行多步，所带来的仿真开销较大，故只对每个仿真实验点进行 $m=3$ 次的重复仿真实验。表 4 – 10 列出了在仿真实验点 $\overline{w}(0)$、$\overline{w}(-35)$、$\overline{w}(35)$ 和 $\overline{w}(48)$ 的维修任务完成率仿真运行结果，以及计算所得的实验参数组效应。

由表 4 – 9 可知，当 48 个仿真实验参数都置于低水平时，维修任务完成率最低；当 48 个仿真实验参数都置于高水平时，维修任务完成率最高。

表 4 – 10 维修任务完成率仿真数据及参数效应计算结果（一）

仿真次数	$\overline{w}(0)$	$\overline{w}(-35)$	$\overline{w}(35)$	$\overline{w}(48)$	$\overline{\beta}_{1\sim35}$	$\overline{\beta}_{36\sim48}$	$\overline{\beta}_{1\sim48}$
1	0.2158	0.5307	0.5198	0.9487	0.1805	0.1860	0.3665
2	0.1938	0.5325	0.5224	0.9376	0.1834	0.1885	0.3719
3	0.2208	0.5188	0.5394	0.9509	0.1877	0.1774	0.3651
均值	0.2101	0.5273	0.5272	0.9457	0.1839	0.1840	0.3678
标准差	0.0144	0.0074	0.0106	0.0071	0.0036	0.0058	0.0036

步骤 1 通过运行装备维修保障仿真系统，得到仿真实验结果为 $\overline{w}(0)=0.2035$，$\overline{w}(48)=0.9431$，因此，第 1～48 号的实验参数组效应估计值可由式（4 – 15）求出，得 $\overline{\hat{\beta}}_{1\sim48}=0.3698$，该实验参数组效应的标准差 $s(\overline{\hat{\beta}}_{1\sim48})=0.0285$。可见第 1～48 号仿真实验参数组效应对于维修任务完成率显著。

步骤 2 将 1～48 号仿真实验参数分为两个小组。其中，第 1 组包括第 1～35 号实验参数，第 2 组包括第 36～48 号实验参数。由表 4 – 10 所列的仿真实验结果可知 $\overline{w}(-35)=0.5273$，$\overline{w}(35)=0.5272$，可得第 1～35 号实验参数组和第 36～48 号实验参数组的效应估计值和标准差分别为 $\overline{\hat{\beta}}_{1\sim35}=0.1839$，$s(\overline{\hat{\beta}}_{1\sim35})=0.0036$，$\overline{\hat{\beta}}_{36\sim48}=0.1840$，$s(\overline{\hat{\beta}}_{36\sim48})=0.0058$。表明第 1～35 号实验参数和第 36～48 号实验参数对维修任务完成率的影响相当。

步骤 3 将 1～35 号仿真实验参数分为两个小组。其中，第 1 组包括第 1～21 号实验参数，第 2 组包括第 22～35 号实验参数。由表 4 – 11 所列的仿真实验结果可知 $\overline{w}(-21)=0.7708$，$\overline{w}(21)=0.5301$，可得第 1～21 号实验参数组和第 22～35 号实验参数组的效应估计值和标准差分别为 $\overline{\hat{\beta}}_{1\sim21}=0.1237$，$s(\overline{\hat{\beta}}_{1\sim21})=0.0027$，$\overline{\hat{\beta}}_{22\sim35}=0.0601$，$s(\overline{\hat{\beta}}_{22\sim35})=0.0032$。继续对第 1～35 号实验参数和第 36～48 号实验参数进行分组。

表4–11 维修任务完成率仿真数据及参数效应计算结果（二）

仿真次数	$\overline{w}(0)$	$\overline{w}(-21)$	$\overline{w}(21)$	$\overline{w}(48)$	$\overline{\hat{\beta}}_{1\sim21}$	$\overline{\hat{\beta}}_{22\sim35}$
1	0.2158	0.7804	0.5307	0.9487	0.1208	0.0597
2	0.1938	0.7626	0.5237	0.9376	0.1262	0.0572
3	0.2208	0.7693	0.5358	0.9509	0.1242	0.0635
均值	0.2101	0.7708	0.5301	0.9457	0.1237	0.0601
标准差	0.0144	0.0090	0.0061	0.0071	0.0027	0.0032

步骤4 将1~21号仿真实验参数分为两个小组，其中，第1组包括第1~4号实验参数，第2组包括第5~21号实验参数。由表4–12所列的仿真实验结果可知 $\overline{w}(-4)=0.8917$，$\overline{w}(4)=0.2733$，可得第1~4号实验参数组和第5~21号实验参数组的效应估计值和标准差分别为 $\overline{\hat{\beta}}_{1\sim4}=0.0293$，$s(\overline{\hat{\beta}}_{1\sim4})=0.0021$，$\overline{\hat{\beta}}_{5\sim21}=0.0944$，$s(\overline{\hat{\beta}}_{5\sim21})=0.0018$。继续对第1~4号实验参数和第5~21号实验参数进行分组。

表4–12 维修任务完成率仿真数据及参数效应计算结果（三）

仿真次数	$\overline{w}(0)$	$\overline{w}(-4)$	$\overline{w}(4)$	$\overline{w}(48)$	$\overline{\hat{\beta}}_{1\sim4}$	$\overline{\hat{\beta}}_{5\sim21}$
1	0.2158	0.8911	0.2708	0.9487	0.0282	0.0926
2	0.1938	0.9004	0.2834	0.9376	0.0317	0.0945
3	0.2208	0.8836	0.2657	0.9509	0.0281	0.0961
均值	0.2101	0.8917	0.2733	0.9457	0.0293	0.0944
标准差	0.0144	0.0084	0.0091	0.0071	0.0021	0.0018

步骤5 将1~4号仿真实验参数分为两个小组，其中，第1组包括第1、2号实验参数，第2组包括第3、4号实验参数。由表4–13所列的仿真实验结果可知 $\overline{w}(-2)=0.9083$，$\overline{w}(2)=0.2481$，可得第1、2号实验参数组和第3、4号实验参数组的效应估计值和标准差分别为 $\overline{\hat{\beta}}_{1,2}=0.0189$，$s(\overline{\hat{\beta}}_{1,2})=0.0022$，$\overline{\hat{\beta}}_{3,4}=0.0105$，$s(\overline{\hat{\beta}}_{3,4})=0.0017$。放弃第1、2号实验参数和第3、4号实验参数。

表 4-13　维修任务完成率仿真数据及参数效应计算结果（四）

仿真次数	$\overline{w}(0)$	$\overline{w}(-2)$	$\overline{w}(2)$	$\overline{w}(48)$	$\overline{\hat{\beta}}_{1,2}$	$\overline{\hat{\beta}}_{3,4}$
1	0.2158	0.9086	0.2411	0.9487	0.0164	0.0164
2	0.1938	0.9114	0.2503	0.9376	0.0207	0.0207
3	0.2208	0.9048	0.2528	0.9509	0.0195	0.0195
均值	0.2101	0.9083	0.2481	0.9457	0.0189	0.0105
标准差	0.0144	0.0033	0.0062	0.0071	0.0022	0.0017

步骤 6　将 5~21 号仿真实验参数分为两个小组，其中，第 1 组包括第 5~10 号实验参数，第 2 组包括第 11~21 号实验参数。由表 4-14 所列的仿真实验结果可知 $\overline{w}(-10)=0.8251$，$\overline{w}(10)=0.3516$，可得第 5~10 号实验参数组和第 11~21 号实验参数组的效应估计值和标准差分别为 $\overline{\hat{\beta}}_{5\sim10}=0.0363$，$s(\overline{\hat{\beta}}_{5\sim10})=0.0019$，$\overline{\hat{\beta}}_{11\sim21}=0.0581$，$s(\overline{\hat{\beta}}_{11\sim21})=0.0035$。继续对第 5~10 号实验参数和第 11~21 号实验参数进行分组。

表 4-14　维修任务完成率仿真数据及参数效应计算结果（五）

仿真次数	$\overline{w}(-4)$	$\overline{w}(4)$	$\overline{w}(-10)$	$\overline{w}(10)$	$\overline{\hat{\beta}}_{5\sim10}$	$\overline{\hat{\beta}}_{11\sim21}$
1	0.8911	0.2708	0.8206	0.3537	0.0384	0.0542
2	0.9004	0.2834	0.8182	0.3415	0.0351	0.0594
3	0.8836	0.2657	0.8364	0.3597	0.0353	0.0608
均值	0.8917	0.2733	0.8251	0.3516	0.0363	0.0581
标准差	0.0084	0.0091	0.0099	0.0093	0.0019	0.0035

步骤 7　将 5~10 号仿真实验参数分为两个小组。其中，第 1 组包括第 5~9 号实验参数，第 2 组只包括第 10 号实验参数。由表 4-15 所列的仿真实验结果可知 $\overline{w}(-9)=0.9016$，$\overline{w}(9)=0.3217$，可得第 5~9 号实验参数组和第 10 号实验参数组的效应估计值和标准差分别为 $\overline{\hat{\beta}}_{5\sim9}=0.0096$，$s(\overline{\hat{\beta}}_{5\sim9})=0.0009$，$\overline{\hat{\beta}}_{10}=0.0266$，$s(\overline{\hat{\beta}}_{10})=0.0027$。放弃第 5~9 号实验参数，第 10 号仿真实验参数为筛选出的显著实验参数。

表4–15　维修任务完成率仿真数据及参数效应计算结果（六）

仿真次数	$\overline{w}(-9)$	$\overline{w}(9)$	$\overline{w}(-10)$	$\overline{w}(10)$	$\overline{\hat{\beta}}_{10}$	$\overline{\hat{\beta}}_{5\sim9}$
1	0.9101	0.3245	0.8206	0.3537	0.0297	0.0087
2	0.9031	0.3278	0.8382	0.3415	0.0247	0.0104
3	0.8917	0.3129	0.8364	0.3597	0.0255	0.0098
均值	0.9016	0.3217	0.8317	0.3516	0.0266	0.0096
标准差	0.0093	0.0078	0.0097	0.0093	0.0027	0.0009

步骤8　将 11～21 号仿真实验参数分为两个小组。其中，第1组包括第 11～17 号实验参数，第2组包括第 18～21 号实验参数。由表 4–16 所列的仿真实验结果可知 $\overline{w}(-17)=0.8292$，$\overline{w}(17)=0.4867$，可得第 11～17 号实验参数组和第 18～21 号实验参数组的效应估计值和标准差分别为 $\overline{\hat{\beta}}_{11\sim17}=0.0327$，$s(\overline{\hat{\beta}}_{11\sim17})=0.0012$，$\overline{\hat{\beta}}_{18\sim21}=0.0254$，$s(\overline{\hat{\beta}}_{18\sim21})=0.0031$。则放弃第 18～21 号实验参数，继续对第 11～17 号仿真实验参数进行分组。

表4–16　维修任务完成率仿真数据及参数效应计算结果（七）

仿真次数	$\overline{w}(-10)$	$\overline{w}(10)$	$\overline{w}(-17)$	$\overline{w}(17)$	$\overline{\hat{\beta}}_{11\sim17}$	$\overline{\hat{\beta}}_{18\sim21}$
1	0.8206	0.3537	0.8378	0.4982	0.0318	0.0224
2	0.8382	0.3415	0.8214	0.4811	0.0341	0.0253
3	0.8364	0.3597	0.8284	0.4808	0.0323	0.0285
均值	0.8317	0.3516	0.8292	0.4867	0.0327	0.0254
标准差	0.0097	0.0093	0.0082	0.0100	0.0012	0.0031

步骤9　将 11～17 号仿真实验参数分为两个小组。其中，第1组包括第 11～14 号实验参数，第2组包括第 15～17 号实验参数。由表 4–17 所列的仿真实验结果可知 $\overline{w}(-14)=0.8090$，$\overline{w}(14)=0.4051$，可得第 11～14 号实验参数组和第 15～17 号实验参数组的效应估计值和标准差分别为 $\overline{\hat{\beta}}_{11\sim14}=0.0191$，$s(\overline{\hat{\beta}}_{11\sim14})=0.0007$，$\overline{\hat{\beta}}_{15\sim17}=0.0137$，$s(\overline{\hat{\beta}}_{15\sim17})=0.0006$。放弃这两个实验参数组。

第 4 章 装备维修保障仿真实验设计

表 4-17 维修任务完成率仿真数据及参数效应计算结果（八）

仿真次数	$\bar{w}(-10)$	$\bar{w}(10)$	$\bar{w}(-14)$	$\bar{w}(14)$	$\bar{\hat{\beta}}_{11\sim14}$	$\bar{\hat{\beta}}_{15\sim17}$
1	0.8206	0.3537	0.8109	0.4178	0.0185	0.0133
2	0.8382	0.3415	0.8058	0.3881	0.0198	0.0143
3	0.8364	0.3597	0.8104	0.4094	0.0189	0.0134
均值	0.8317	0.3516	0.8090	0.4051	0.0191	0.0137
标准差	0.0097	0.0093	0.0028	0.0153	0.0007	0.0006

步骤 10 将 22~35 号仿真实验参数分为两个小组。其中，第 1 组包括第 22~29 号实验参数，第 2 组包括第 30~35 号实验参数。由表 4-18 所列的仿真实验结果可知 $\bar{w}(-29)=0.7585$，$\bar{w}(29)=0.5875$，可得第 22~29 号实验参数组和第 30~35 号实验参数组的效应估计值和标准差分别为 $\bar{\hat{\beta}}_{22\sim29}=0.0174$，$s(\bar{\hat{\beta}}_{22\sim29})=0.0012$，$\bar{\hat{\beta}}_{30\sim35}=0.0427$，$s(\bar{\hat{\beta}}_{30\sim35})=0.0024$。放弃第 22~29 号实验参数，继续对第 30~35 号仿真实验参数组进行分组。

表 4-18 维修任务完成率仿真数据及参数效应计算结果（九）

仿真次数	$\bar{w}(-21)$	$\bar{w}(21)$	$\bar{w}(-29)$	$\bar{w}(29)$	$\bar{\hat{\beta}}_{22\sim29}$	$\bar{\hat{\beta}}_{30\sim35}$
1	0.7804	0.5307	0.7668	0.5828	0.0164	0.0433
2	0.7626	0.5237	0.7631	0.5927	0.0171	0.0401
3	0.7693	0.5358	0.7457	0.5871	0.0187	0.0448
均值	0.7708	0.5301	0.7585	0.5875	0.0174	0.0427
标准差	0.0090	0.0061	0.0113	0.0050	0.0012	0.0024

步骤 11 将 30~35 号仿真实验参数分为两个小组。其中，第 1 组包括第 30~32 号实验参数，第 2 组包括第 33~35 号实验参数。由表 4-19 所列的仿真实验结果可知 $\bar{w}(-32)=0.7257$，$\bar{w}(32)=0.6691$，可得第 30~32 号实验参数组和第 33~35 号实验参数组的效应估计值和标准差分别为 $\bar{\hat{\beta}}_{30\sim32}=0.0286$，$s(\bar{\hat{\beta}}_{30\sim32})=0.0025$，$\bar{\hat{\beta}}_{33\sim35}=0.0141$，$s(\bar{\hat{\beta}}_{33\sim35})=0.0023$。放弃第 33~35 号实验参数，继续对第 30~32 号仿真实验参数进行分组。

91

表4–19　维修任务完成率仿真数据及参数效应计算结果（十）

仿真次数	$\bar{w}(-29)$	$\bar{w}(29)$	$\bar{w}(-32)$	$\bar{w}(32)$	$\bar{\hat{\beta}}_{30\sim32}$	$\bar{\hat{\beta}}_{33\sim35}$
1	0.7668	0.5628	0.7404	0.6628	0.0266	0.0167
2	0.7531	0.5927	0.7244	0.6653	0.0278	0.0123
3	0.7357	0.5971	0.7124	0.6792	0.0314	0.0134
均值	0.7519	0.5842	0.7257	0.6691	0.0286	0.0141
标准差	0.0156	0.0187	0.0140	0.0088	0.0025	0.0023

步骤12　将30~32号仿真实验参数分为两个小组。其中，第1组包括第30、31号实验参数，第2组只包括第32号实验参数。由表4–20所列的仿真实验结果可知 $\bar{w}(-31)=0.7452$，$\bar{w}(31)=0.5968$，可得第30、31号实验参数组和第32号实验参数组的效应估计值和标准差分别为 $\bar{\hat{\beta}}_{30,31}=0.0048$，$s(\bar{\hat{\beta}}_{30,31})=0.0006$，$\bar{\hat{\beta}}_{32}=0.0238$，$s(\bar{\hat{\beta}}_{32})=0.0031$。放弃第30、31号实验参数，第32号仿真实验参数为筛选出的显著实验参数。

表4–20　维修任务完成率仿真数据及参数效应计算结果（十一）

仿真次数	$\bar{w}(-29)$	$\bar{w}(29)$	$\bar{w}(-31)$	$\bar{w}(31)$	$\bar{\hat{\beta}}_{30,31}$	$\bar{\hat{\beta}}_{32}$
1	0.7668	0.5628	0.7613	0.5793	0.0055	0.0211
2	0.7531	0.5927	0.7442	0.6024	0.0047	0.0231
3	0.7357	0.5971	0.7302	0.6088	0.0043	0.0271
均值	0.7519	0.5842	0.7452	0.5968	0.0048	0.0238
标准差	0.0156	0.0187	0.0156	0.0155	0.0006	0.0031

步骤13　将36~48号仿真实验参数分为两个小组。其中，第1组包括第36、37号实验参数，第2组包括第38~48号实验参数。由表4–21所列的仿真实验结果可知 $\bar{w}(-37)=0.4929$，$\bar{w}(37)=0.6554$，可得第36、37号实验参数组和第38~48号实验参数组的效应估计值和标准差分别为 $\bar{\hat{\beta}}_{36,37}=0.0407$，$s(\bar{\hat{\beta}}_{36,37})=0.0018$，$\bar{\hat{\beta}}_{38\sim48}=0.1433$，$s(\bar{\hat{\beta}}_{38\sim48})=0.0053$。继续对这两个实验参数组进行分组。

表4-21 维修任务完成率仿真数据及参数效应计算结果（十二）

仿真次数	$\bar{w}(-35)$	$\bar{w}(35)$	$\bar{w}(-37)$	$\bar{w}(37)$	$\bar{\hat{\beta}}_{36,37}$	$\bar{\hat{\beta}}_{38\sim48}$
1	0.5307	0.5198	0.4857	0.6458	0.0428	0.1432
2	0.5325	0.5224	0.5071	0.6564	0.0399	0.1486
3	0.5188	0.5394	0.4859	0.6641	0.0394	0.1380
均值	0.5273	0.5272	0.4929	0.6554	0.0407	0.1433
标准差	0.0074	0.0106	0.0123	0.0092	0.0018	0.0053

步骤14 将36、37号仿真实验参数分为两个小组。其中，第1组只包括第36号实验参数，第2组只包括第37号实验参数。由表4-22所列的仿真实验结果可知 $\bar{w}(-36)=0.5069$，$\bar{w}(36)=0.5555$，可得第36号实验参数组和第37号实验参数组的效应估计值和标准差分别为 $\bar{\hat{\beta}}_{36}=0.0122$，$s(\bar{\hat{\beta}}_{36})=0.0014$，$\bar{\hat{\beta}}_{37}=0.0285$，$s(\bar{\hat{\beta}}_{37})=0.0006$。放弃第36号实验，第37号实验参数为筛选出的显著实验参数。

表4-22 维修任务完成率仿真数据及参数效应计算结果（十三）

仿真次数	$\bar{w}(-35)$	$\bar{w}(35)$	$\bar{w}(-36)$	$\bar{w}(36)$	$\bar{\hat{\beta}}_{36}$	$\bar{\hat{\beta}}_{37}$
1	0.5307	0.5198	0.5032	0.5472	0.0137	0.0291
2	0.5325	0.5224	0.5154	0.5529	0.0119	0.0280
3	0.5188	0.5394	0.5021	0.5664	0.0109	0.0285
均值	0.5273	0.5272	0.5069	0.5555	0.0122	0.0285
标准差	0.0074	0.0106	0.0074	0.0099	0.0014	0.0006

步骤15 将38~48号仿真实验参数分为两个小组。其中，第1组包括第38~42号实验参数，第2组包括第43~48号实验参数。由表4-23所列的仿真实验结果可知 $\bar{w}(-42)=0.4285$，$\bar{w}(42)=0.8224$，可得第38~42号实验参数组和第43~48号实验参数组的效应估计值和标准差分别为 $\bar{\hat{\beta}}_{38\sim42}=0.0579$，$s(\bar{\hat{\beta}}_{38\sim42})=0.0014$，$\bar{\hat{\beta}}_{43\sim48}=0.0854$，$s(\bar{\hat{\beta}}_{43\sim48})=0.0040$。继续对这两个实验参数组进行分组。

表 4-23　维修任务完成率仿真数据及参数效应计算结果（十四）

仿真次数	$\overline{w}(-37)$	$\overline{w}(37)$	$\overline{w}(-42)$	$\overline{w}(42)$	$\overline{\beta}_{38\sim42}$	$\overline{\beta}_{43\sim48}$
1	0.4857	0.6458	0.4243	0.8136	0.0573	0.0859
2	0.5071	0.6564	0.4372	0.8244	0.0595	0.0891
3	0.4859	0.6641	0.4239	0.8291	0.0568	0.0812
均值	0.4929	0.6554	0.4285	0.8224	0.0579	0.0854
标准差	0.0123	0.0092	0.0076	0.0079	0.0014	0.0040

步骤 16　将 38~42 号仿真实验参数分为两个小组。其中，第 1 组包括第 38~40 号实验参数，第 2 组包括第 41、42 号实验参数。由表 4-24 所列的仿真实验结果可知 $\overline{w}(-40)=0.4303$，$\overline{w}(40)=0.7292$，可得第 38~40 号实验参数组和第 41、42 号实验参数组的效应估计值和标准差分别为 $\overline{\beta}_{38\sim40}=0.0341$，$s(\overline{\beta}_{38\sim40})=0.0017$，$\overline{\beta}_{41,42}=0.0238$，$s(\overline{\beta}_{41,42})=0.0010$。则放弃第 41、42 号实验参数，继续对 38~40 号实验参数进行分组。

表 4-24　维修任务完成率仿真数据及参数效应计算结果（十五）

仿真次数	$\overline{w}(-37)$	$\overline{w}(37)$	$\overline{w}(-40)$	$\overline{w}(40)$	$\overline{\beta}_{38\sim40}$	$\overline{\beta}_{41,42}$
1	0.4857	0.6458	0.4332	0.7315	0.0346	0.0227
2	0.5071	0.6564	0.4319	0.7231	0.0355	0.0240
3	0.4859	0.6641	0.4258	0.7329	0.0322	0.0246
均值	0.4285	0.8224	0.4303	0.7292	0.0341	0.0238
标准差	0.0076	0.0079	0.0040	0.0053	0.0017	0.0010

步骤 17　将 38~40 号仿真实验参数分为两个小组。其中，第 1 组包括第 38、39 号实验参数，第 2 组只包括第 40 号实验参数。由表 4-25 所列的仿真实验结果可知 $\overline{w}(-39)=0.4599$，$\overline{w}(39)=0.7002$，可得第 38、39 号实验参数组和第 40 号实验参数的效应估计值和标准差分别为 $\overline{\beta}_{38,39}=0.0195$，$s(\overline{\beta}_{38,39})=0.0033$，$\overline{\beta}_{40}=0.0146$，$s(\overline{\beta}_{40})=0.0021$。放弃这两个仿真实验参数组。

表4-25 维修任务完成率仿真数据及参数效应计算结果（十六）

仿真次数	$\bar{w}(-37)$	$\bar{w}(37)$	$\bar{w}(-39)$	$\bar{w}(39)$	$\bar{\hat{\beta}}_{38,39}$	$\bar{\hat{\beta}}_{40}$
1	0.4857	0.6458	0.4602	0.6937	0.0184	0.0162
2	0.5071	0.6564	0.4559	0.6981	0.0232	0.0123
3	0.4859	0.6641	0.4636	0.7089	0.0168	0.0154
均值	0.4285	0.8224	0.4599	0.7002	0.0195	0.0146
标准差	0.0076	0.0079	0.0039	0.0078	0.0033	0.0021

步骤18 将43~48号仿真实验参数分为两个小组。其中，第1组包括第43~46号实验参数，第2组包括第47、48号实验参数。由表4-26所列的仿真实验结果可知 $\bar{w}(-46)=0.2499$，$\bar{w}(46)=0.9085$，可得第43~46号实验参数组和第47、48号实验参数组的效应估计值和标准差分别为 $\bar{\hat{\beta}}_{43\sim46}=0.0662$，$s(\bar{\hat{\beta}}_{43\sim46})=0.0040$，$\bar{\hat{\beta}}_{47,48}=0.0192$，$s(\bar{\hat{\beta}}_{47,48})=0.0004$。放弃第47、48号实验参数，继续对43~46号实验参数进行分组。

表4-26 维修任务完成率仿真数据及参数效应计算结果（十七）

仿真次数	$\bar{w}(-42)$	$\bar{w}(42)$	$\bar{w}(-46)$	$\bar{w}(46)$	$\bar{\hat{\beta}}_{43\sim46}$	$\bar{\hat{\beta}}_{47,48}$
1	0.4243	0.8136	0.2515	0.9054	0.0662	0.0197
2	0.4372	0.8244	0.2454	0.9133	0.0702	0.0189
3	0.4239	0.8291	0.2527	0.9068	0.0622	0.0190
均值	0.4285	0.8224	0.2499	0.9085	0.0662	0.0192
标准差	0.0076	0.0079	0.0039	0.0042	0.0040	0.0004

步骤19 将43~46号仿真实验参数分为两个小组。其中，第1组包括第43、44号实验参数，第2组包括第45、46号实验参数。由表4-27所列的仿真实验结果可知 $\bar{w}(-44)=0.3300$，$\bar{w}(44)=0.8907$，可得第43、44号实验参数组和第45、46号实验参数组的效应估计值和标准差分别为 $\bar{\hat{\beta}}_{43,44}=0.0417$，$s(\bar{\hat{\beta}}_{43,44})=0.0047$，$\bar{\hat{\beta}}_{45,46}=0.0245$，$s(\bar{\hat{\beta}}_{45,46})=0.0012$。放弃第45、46号实验参数，继续对43、44号实验参数进行分组。

表4-27 维修任务完成率仿真数据及参数效应计算结果（十八）

仿真次数	$\overline{w}(-42)$	$\overline{w}(42)$	$\overline{w}(-44)$	$\overline{w}(44)$	$\overline{\hat{\beta}}_{43,44}$	$\overline{\hat{\beta}}_{45,46}$
1	0.4243	0.8136	0.3364	0.8974	0.0429	0.0233
2	0.4372	0.8244	0.3212	0.8912	0.0457	0.0245
3	0.4239	0.8291	0.3324	0.8834	0.0365	0.0257
均值	0.4285	0.8224	0.3300	0.8907	0.0417	0.0245
标准差	0.0076	0.0079	0.0079	0.0070	0.0047	0.0012

步骤20 将43、44号仿真实验参数分为两个小组。其中，第1组包括第43号实验参数，第2组包括第44号实验参数。由表4-28所列的仿真实验结果可知 $\overline{w}(-43)=0.3610$，$\overline{w}(43)=0.8681$，可得第43号实验参数和第44号实验参数的效应估计值和标准差分别为 $\hat{\beta}_{43}=0.0283$，$s(\hat{\beta}_{43})=0.0017$，$\hat{\beta}_{44}=0.0134$，$s(\hat{\beta}_{44})=0.0034$。放弃第44号实验参数，43号实验参数为筛选出的显著实验参数。

表4-28 维修任务完成率仿真数据及参数效应计算结果（十九）

仿真次数	$\overline{w}(-42)$	$\overline{w}(42)$	$\overline{w}(-43)$	$\overline{w}(43)$	$\overline{\hat{\beta}}_{43}$	$\overline{\hat{\beta}}_{44}$
1	0.4243	0.8136	0.3633	0.8629	0.0276	0.0153
2	0.4372	0.8244	0.3595	0.8677	0.0303	0.0154
3	0.4239	0.8291	0.3601	0.8737	0.0271	0.0094
均值	0.4285	0.8224	0.3610	0.8681	0.0283	0.0134
标准差	0.0076	0.0079	0.0020	0.0054	0.0017	0.0034

至此，完成了对所有仿真实验参数的筛选。图4-6展示了利用改进SB法对仿真实验参数进行定量筛选的全过程，当所分组内不包含显著的仿真实验参数且效应不显著时，放弃该组。

由图4-6可知，最终该仿真示例的装备维修保障仿真实验参数定量筛选停止在第20步，涉及仿真实验点40个，共进行了 40×3=120 次仿真系统运行。如图4-7所示，共筛选出4个关键仿真实验参数，分别是保障1群5营营组专业2数量、保障3群抢修队专业1数量、保障2群接取队运输组数量、保障2群抢修队备件数量。

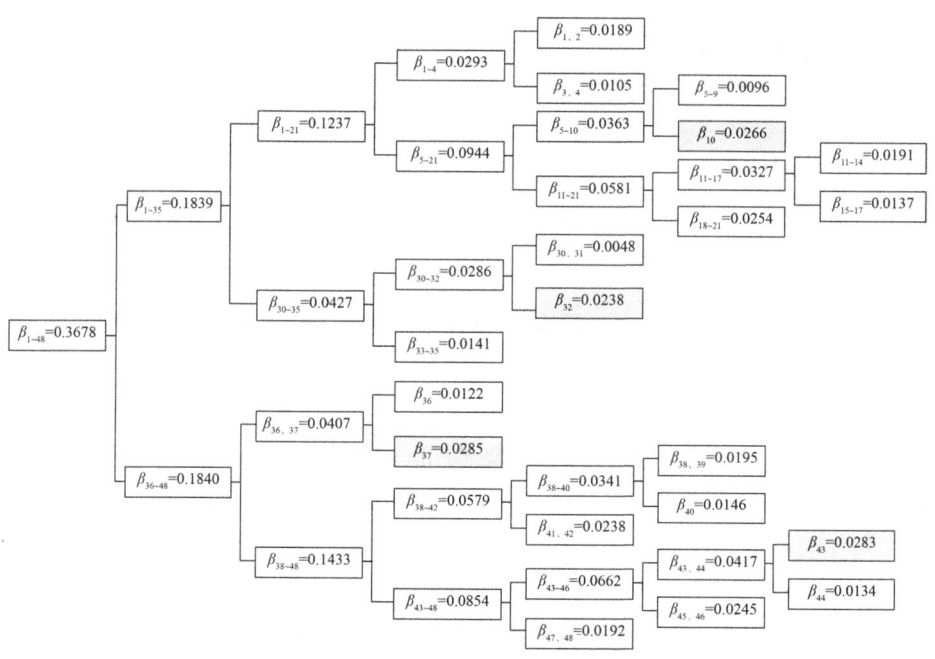

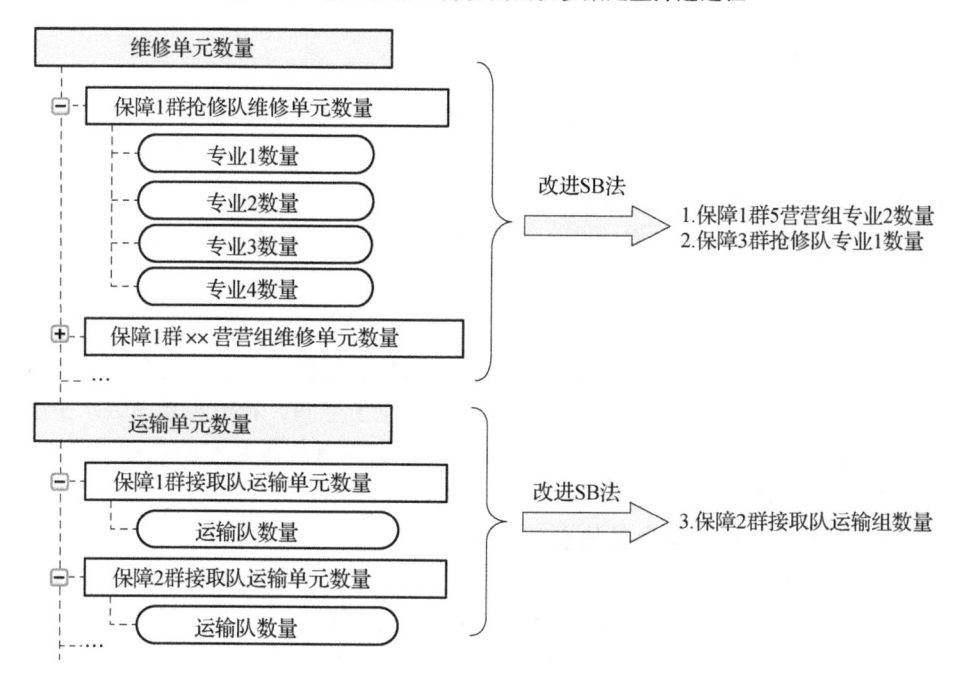

图 4-6　装备维修保障仿真实验参数定量筛选过程

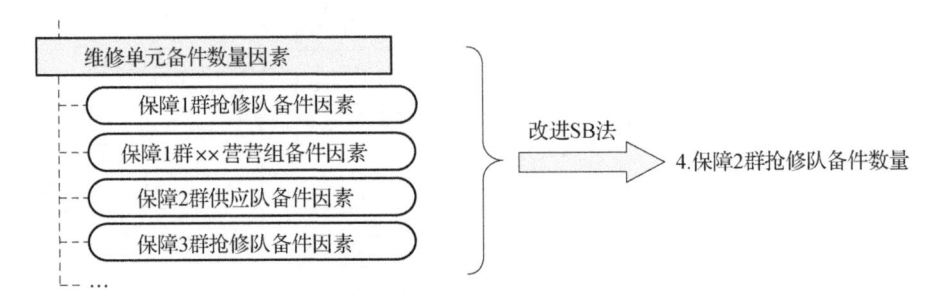

```
维修单元备件数量因素
├─ 保障1群抢修队备件因素
├─ 保障1群××营营组备件因素      改进SB法
├─ 保障2群供应队备件因素     ──────→  4.保障2群抢修队备件数量
├─ 保障3群抢修队备件因素
└─ ...
```

图 4-7　装备维修保障仿真实验参数定量筛选结果

4.5　实验参数水平数确定

对于装备维修保障仿真实验来说，为有效探索装备维修保障仿真系统的运行规律，提高仿真实验的分析精度，希望实验参数设置的水平数越多越好，然而实验参数的水平数设置过多，直接影响仿真开销，因此必须合理确定实验参数水平数。

4.5.1　基本原理

1. 均匀设计时实验参数的水平数确定

本书用仿真实验人员可承受的仿真实验点数量作为仿真开销的度量，假设仿真实验人员最多可承受的仿真实验点数量为 C。由于均匀设计所涉及的实验点数量是实验参数的水平数，则在进行均匀设计时，实验参数 x 的水平数 d_x 需满足

$$d_x \leqslant C \tag{4-31}$$

均匀设计适用于后续仿真实验空间寻需的数据分析需求，而仿真实验空间寻需期望在一个较大的实验空间范围内寻求满意子空间，希望实验参数水平数取较大的值。又因均匀实验设计所涉及的仿真实验点数量是实验参数水平数，为提高实验精度，可考虑取 $d_x = C$。

2. 正交设计时实验参数的水平数确定

仍然用仿真实验人员可承受的仿真实验点数量作为仿真开销的度量，假设仿真实验人员最多可承受的仿真实验点数量为 C。由于正交设计所涉及的实验点数量至少是实验参数水平数的平方，则在进行正交设计时，实验参数 x 的水平数 d_x 至少需满足

$$d_x^2 \leq C \qquad (4-32)$$

在上述约束下，本书通过做预实验来进一步确定实验参数 x 的水平数取值，基本思路如图 4-8 所示。

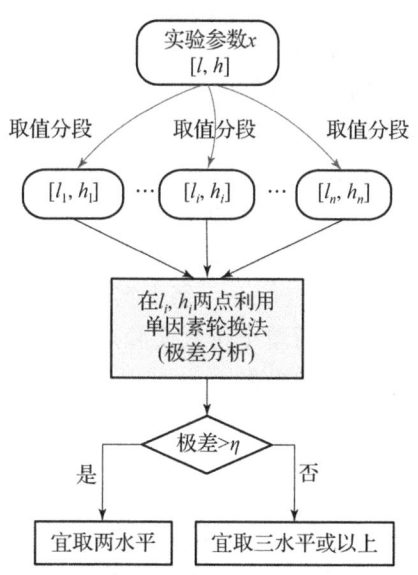

图 4-8　基于单因素轮换法的水平数确定流程

假设实验参数 x 的取值范围为 $[l,h]$，将 $[l,h]$ 分为 $1,2,\cdots,i,\cdots,n-1,n$ 个取值区间，n 可根据实际情况确定，如果希望水平数确定的准确度高，n 可适当取大些，否则可取较小的 n。在实验参数 x 的取值范围 $[l_i,h_i]$ 上（l_i 和 h_i 分别表示水平取值的上、下限），通过单因素轮换法（固定其他实验参数，只改变实验参数 i），实验参数 x 分别在 l_i 和 h_i 实验点取两水平，做极差分析，假设得到实验点 l_i 和 h_i 的极差结果为 k_{l_i,h_i}。给定阈值 η，如果 $|k_{l,h}|>\eta$，表明实验参数 x 在取值范围 $[l_i,h_i]$ 上对仿真运行的影响是显著的，为保证实验精度，实验参数 i 在 $[l_i,h_i]$ 上宜取三水平或以上进行研究；否则取两水平。

本节单纯从平衡仿真精度和实验开销的角度，提出实验参数水平数的确定方法，可为合理确定实验参数的水平数提供参考。

但需强调的是在仿真开销可承受的情况下，实验参数水平数的确定还应结合专家经验，优先满足仿真实验人员对所考查参数的兴趣范围进行确定。

4.5.2　示例分析

1. 均匀设计时实验参数的水平数确定

在进行均匀设计时，假设仿真开销要求实验总时间不超过 700min，每个实验点至少需运行 8 次，现已知装备维修保障仿真系统单次运行单个仿真实验点需要 6min 左右。则仿真实验人员最多可承受的仿真实验点数量为

$$C = \left\lfloor \frac{700}{6 \times 8} \right\rfloor = 14$$

均匀设计是为后续仿真实验空间寻需的数据分析需求服务，仿真实验空间寻需期望在一个较大的实验空间范围内寻求满意子空间，希望实验参数水平数取较大的值。又因均匀设计所涉及的仿真实验点数量是实验参数水平数，为达到最好的分析精度，可考虑取每个实验参数的水平数 $d = 14$。

2. 正交设计时实验参数的水平数确定

以某仿真示例的装备维修保障仿真实验为例，在进行正交设计时，假设实验开销要求实验总时间不超过 700min，每个实验点至少需运行 8 次，现已知装备维修保障仿真系统单次运行单个仿真实验点需要 6min 左右。则仿真实验人员最多可承受的仿真实验点数量为

$$C = \left\lfloor \frac{700}{6 \times 8} \right\rfloor = 14$$

因为正交设计涉及的实验点数量至少是实验参数水平数的平方，实验参数的水平数需满足 $d^2 \leq C = 14$，所以各实验参数可以取两水平或三水平。

现进一步确定实验参数 A：保障 2 群抢修队备件数量在 [5,20] 取值范围内的参数水平数取值。将实验参数 A 的取值范围划分为 [5,12] 和 [13,20]。固定其他实验参数为初始值，在 [5,12] 上，参数 A 分别取 5 和 12 时维修任务完成率的仿真运行结果为 0.8264 和 0.8758。给定阈值 $\eta = 0.03$。因为极差

$$k_{3,6} = 0.8758 - 0.8264 = 0.0494 > 0.03$$

所以实验参数 A 在 [5,12] 上宜取三水平进行仿真实验研究。

固定其他实验参数为初始值，在 [13,20] 范围内，参数 A 分别取 13 和 20 时维修任务完成率的仿真运行结果为 0.8624 和 0.8826。给定阈值 $\eta = 0.03$。因为极差

$$k_{7,10} = 0.8826 - 0.8624 = 0.0202 < 0.03$$

所以实验参数 A 在 [13,20] 上宜取两水平进行仿真实验研究。

4.6 装备维修保障仿真实验方案设计示例

4.6.1 不考虑参数间交互效应的正交实验方案设计示例

在 4.4 节某仿真示例的装备维修保障仿真实验中，不考虑仿真实验参数间

的交互效应，设计仿真实验方案考察实验参数对维修任务完成率的影响排序。

1. 确定单个仿真实验点的仿真运行次数

根据 4.3 节可确定单个仿真实验点的仿真运行次数为 8。

2. 确定仿真实验参数与水平

通过仿真实验参数定量筛选，影响维修任务完成率的可能实验参数有 4 个，分别是保障 1 群 5 营营组专业 2 数量、保障 3 群抢修队专业 1 数量、保障 2 群接取队运输组数量、保障 2 群抢修队备件数量。经分析实验参数的可能取值范围，综合权衡后确定每个仿真实验参数的水平值取三水平，如表 4-29 所列。

表 4-29 仿真实验参数水平

符号	实验参数	第 1 水平	第 2 水平	第 3 水平
A	保障 1 群 5 营营组专业 2 数量	4	8	14
B	保障 3 群抢修队专业 1 数量	3	4	5
C	保障 2 群接取队运输组数量	11	13	15
D	保障 2 群抢修队备件数量	5	8	12

3. 选择正交表

由于所考察的仿真实验参数具有三个水平，所以选用三水平正交表；又因为需考查仿真实验参数一共有 4 个，故选用正交表 $L_9(3^4)$。

4. 表头设计

由于不考虑仿真实验参数间的交互效应，所以可以把 4 个实验参数放在正交表 $L_9(3^4)$ 的任一列上，一个实验参数占一列。在本例中，将 4 个仿真实验参数依次放置在正交表的第 1 列、第 2 列、第 3 列和第 4 列，其表头设计形式如表 4-30 所列。

表 4-30 表头设计形式

表头设计	保障 1 群 5 营营组专业 2 数量 A	保障 3 群抢修队专业 1 数量 B	保障 2 群接取队运输组数量 C	保障 2 群抢修队备件数量 D
正交表	1	2	3	4

5. 制定仿真实验方案

将放置仿真实验参数列中的数字换为实验参数的实际水平值即可。在本例中，将第 1 列代表不同水平的 1、2、3 分别换成保障 1 群 5 营营组专业 2 数量 A 的 3 个水平值 4、8、14；将第 2 列代表不同水平的 1、2、3 分别换成保障 3 群抢修队专业 1 数量 B 的 3 个水平值 3、4、5；将第 3 列代表不同水平的 1、2、3 分别换成保障 2 群接取队运输组数量 C 的 3 个水平值 11、13、15；将第 4 列代表不同水平的 1、2、3 分别换成保障 2 群抢修队备件数量 D 的 3 个水平值 5、8、12。则可以得到仿真实验方案如表 4 - 31 所列。

通过正交表 $L_9(3^4)$ 设计本例的仿真实验方案，将得到 9 个不同的仿真实验点，在本例中，全面仿真实验需考察的仿真实验点数量是 $3^4 = 81$ 个，但通过利用正交表 $L_9(3^4)$ 进行仿真实验方案设计后，只抽样出了其中的 9 个实验点，有效减少了仿真开销。

表 4 - 31　仿真实验方案

实验号	保障 1 群 5 营营组专业 2 数量 A	保障 3 群抢修队专业 1 数量 B	保障 2 群接取队运输组数量 C	保障 2 群抢修队备件数量 D
1	4	3	11	5
2	4	4	13	8
3	4	5	15	12
4	8	3	13	12
5	8	4	15	5
6	8	5	11	8
7	14	3	15	8
8	14	4	11	12
9	14	5	13	5

4.6.2　考虑参数间交互效应的正交实验方案设计示例

对存在多个仿真实验参数的装备维修保障仿真实验设计问题，有时会关心仿真实验参数间的交互效应，相较于不考虑实验参数交互效应的正交实验设计，区别在于正交表选择和表头设计。

还是以 4.4 节某仿真示例的装备维修保障仿真实验设计为例进行说明。首先确定单个仿真实验点的仿真运行次数为 8。经实验参数定量筛选后，认为影响维修任务完成率的实验参数有 4 个，分别是保障 1 群 5 营营组专业 2 数量、保障 3 群抢修队专业 1 数量、保障 2 群接取队运输组数量、保障 2 群抢修队备件数量。经分析实验参数的可能取值范围，综合权衡后确定每个仿真实验参数的水平值取两水平，如表4-32所列。

表4-32 仿真实验参数水平

符号	实验参数	第1水平	第2水平
A	保障1群5营营组专业2数量	10	14
B	保障3群抢修队专业1数量	4	10
C	保障2群接取队运输组数量	5	10
D	保障2群抢修队备件数量	14	18

估计保障3群抢修队专业1数量B和保障2群抢修队备件数量D的交互效应对维修任务完成率可能存在较大影响。因此，在本仿真实验设计中还需考查上述两个实验参数的交互效应$B \times D$。

1. 选择正交表与表头设计

根据正交表选择与表头设计的基本原则，可知在本例中，所考察的仿真实验参数都是两水平的，可从两水平正交表$L_4(2^3)$、$L_8(2^7)$、$L_{16}(2^{15})$等中去选择。因为需要考虑4个仿真实验参数和1个交互效应，它们的自由度之和为5，故所选的正交表必须满足$5 \leq n-1$，即$n \geq 6$。综上分析，选择正交表$L_8(2^7)$，1个仿真实验参数占一列，1个交互效应也占一列。

由于考虑了保障3群抢修队专业1数量B和保障2群抢修队备件数量D的交互效应，所以在进行表头设计时必须参照交互作用表，正交表$L_8(2^7)$的交互作用表如表4-33所列，它表示任意两列的交互作用位于正交表$L_8(2^7)$中的列号。例如，第1列和第2列实验参数的交互效应位于第3列。

表4-33 正交表$L_8(2^7)$的交互作用表

列号	1	2	3	4	5	6	7
	(1)	3	2	5	4	7	6
		(2)	1	6	7	4	5
			(3)	7	6	5	4
				(4)	1	2	3
					(5)	3	2
						(6)	1

表头设计时，首先把交互效应所涉及的保障3群抢修队专业1数量B和保障2群抢修队备件数量D的交互效应安排到表头上，此时这两个实验参数可以任意上列。例如，现在将保障3群抢修队专业1数量B和保障2群抢修队备件数量D的交互效应分别配置在正交表$L_8(2^7)$的第1列和第2列上，然后查交互作用表，找出第1列和第2列的交互作用列为第3列，则在正交表$L_8(2^7)$的第3列的表头上标记出$B \times D$，再将剩下的保障1群5营营组专业2数量A和保障2群接取队运输组数量C这两个实验参数配置在正交表$L_8(2^7)$剩下的任意空白列上。例如，可将保障1群5营营组专业2数量A和保障2群接取队运输组数量C分别配置在正交表$L_8(2^7)$的第6列和第5列上。至此，就可以给出如表4-34所列的表头设计。

表4-34 表头设计

表头设计	B	D	$B \times D$		C	A	
列号	1	2	3	4	5	6	7

2. 制定仿真实验方案

在完成了正交表$L_8(2^7)$的表头设计后，便可给出仿真实验设计方案。只需将正交表$L_8(2^7)$中配置了实验参数列中代表不同水平的1和2用相应的实验参数真实水平替换即可。交互效应列和误差列的取值是由仿真模型间复杂的关联关系客观决定的，它们对评价指标的影响只能是在仿真实验数据分析时得到。在本例中，最终得到的仿真实验方案如表4-35所列。

表4-35 仿真实验方案

实验号	B	D	$B \times D$	误差列1	C	A	误差列2
1	4	14	1	1	5	10	1
2	4	14	1	2	10	14	2
3	4	18	2	1	5	14	2
4	4	18	2	2	10	10	1
5	10	14	2	1	10	10	2
6	10	14	2	2	5	14	1
7	10	18	1	1	10	14	1
8	10	18	1	2	5	10	2

在得到上述装备维修保障仿真实验方案后,就可利用仿真系统进行仿真实验。

4.6.3 均匀实验方案设计示例

考虑对4.4节某仿真示例的装备维修保障仿真实验中的 A(保障1群5营营组专业2数量)、B(保障3群抢修队专业1数量)、C(保障2群接取队运输组数量)、D(保障2群抢修队备件数量)4个仿真实验参数进行基于均匀表的仿真实验方案设计。首先确定单个仿真实验点的仿真运行次数为8,经分析实验参数的可能取值范围,综合权衡后确定参数水平如表4-36所列。

表4-36 仿真实验参数水平

符号	水平													
	1	2	3	4	5	6	7	8	9	10	11	12	13	14
A	2	3	4	5	6	7	8	9	10	11	12	13	14	15
B	3	4	5	6	7	8	9	10	11	12	13	14	15	16
C	5	6	7	8	9	10	11	12	13	14	15	16	17	18
D	2	4	6	8	10	12	14	16	18	20	22	24	26	28

下面重点对均匀表的选择和表头设计环节进行论述。

首先根据仿真实验点数选择均匀表。在均匀表中,仿真实验点数等于仿真实验参数的水平数,本例中的仿真实验参数水平数为14,故选择已有的均匀表 $U_{14}^*(14^5)$,如表4-37所列。

表4-37 均匀表 $U_{14}^*(14^5)$

实验号	列号				
	1	2	3	4	5
1	1	4	11	11	13
2	2	8	7	7	11
3	3	12	3	3	9
4	4	1	14	14	7
5	5	5	10	10	5

105

续表

实验号	列号				
	1	2	3	4	5
6	6	9	6	6	3
7	7	13	2	2	1
8	8	2	11	13	14
9	9	6	3	9	12
10	10	10	10	5	10
11	11	14	2	1	8
12	12	3	9	12	6
13	13	7	1	8	4
14	14	11	8	4	2

因为一共有 4 个仿真实验参数，通过查均匀表 $U_{14}^*(14^5)$ 的使用表（表 4 - 38），4 个仿真实验参数应安排在均匀表 $U_{14}^*(14^5)$ 的第 1 列、第 2 列、第 3 列和第 5 列。简便起见，分别将保障 1 群 5 营营组专业 2 数量 A、保障 3 群抢修队专业 1 数量 B、保障 2 群接取队运输组数量 C、保障 2 群抢修队备件数量 D 顺序配置在均匀表 $U_{14}^*(14^5)$ 的第 1 列、第 2 列、第 3 列和第 5 列，并将所在列的实验参数真实水平值换上，即可得到最终的仿真实验方案，如表 4 - 39 所列。

表 4 - 38 $U_{14}^*(14^5)$ 的使用表

s	列号				D
2	1	4			0.0957
3	1	2	3		0.1455
4	1	2	3	5	0.2091

从得到的仿真实验方案看，一共只抽样出了 14 个仿真实验点，而全面仿真实验将涉及 $14^4 = 38416$ 个仿真实验点，仿真开销控制的效果十分可观。

表 4-39 仿真实验方案

实验号	保障 1 群 5 营营组 专业 2 数量 A	保障 3 群抢修队 专业 1 数量 B	保障 2 群接取队 运输组数量 C	保障 2 群抢修队 备件数量 D
1	2	6	15	26
2	3	10	11	22
3	4	14	7	18
4	5	3	18	14
5	6	7	14	10
6	7	11	10	6
7	8	15	6	2
8	9	4	15	28
9	10	8	7	24
10	11	12	14	20
11	12	16	6	16
12	13	5	13	12
13	14	9	5	8
14	15	13	12	4

4.7 本章小结

本章在分析装备维修保障仿真实验设计基本问题的基础上,提出了仿真实验方案的制定流程,构建了仿真实验方案的评价指标,给出了参数维度优化、单次仿真运行次数及参数水平数确定方法。上述工作为指导仿真实验人员科学制定仿真实验方案提供了依据。

第 5 章

装备维修保障仿真实验分析

以装备维修保障仿真实验设计形成的仿真实验方案为依据,通过运行装备维修保障仿真系统,将会产生大量仿真实验数据,只有对这些数据进行合理分析,才能得到装备维修保障系统运行规律,指导装备维修保障系统的调整与优化。本章从灵敏度分析和仿真实验空间寻需两方面研究仿真实验的数据分析方法,挖掘数据中蕴含的有价值信息,辅助装备维修保障决策。

5.1 装备维修保障仿真实验分析框架

根据装备维修保障仿真实验的研究框架,装备维修保障保障仿真实验的数据分析需求包括灵敏度分析和仿真实验空间寻需,本章所研究的装备维修保障仿真实验分析方法围绕上述两个方面展开。

灵敏度分析是在装备维修保障仿真实验参数取值区域附近进行扰动研究,即对仿真实验参数水平加以变化,观察仿真实验参数取值变化对评价指标的影响,其作用是确定各仿真实验参数对于评价指标的相对重要程度。具体来说,灵敏度分析主要解决的是仿真实验参数中的哪些参数对于维修保障能力的影响最为显著、评价指标随实验参数变化的规律和趋势、在一定精度要求下确定最优的实验参数水平组合等问题。本章重点研究基于极差的灵敏度分析方法和基于方差的灵敏度分析方法。

仿真实验空间寻需的目的是在装备维修保障仿真实验空间中,发现满足评价指标要求的仿真实验子空间,快速判断仿真实验参数水平组合是否在可接受范围。考虑仿真实验样本数据有限的情况下,基于支持向量机理论,实现对装备维修保障仿真实验空间的模式分类,获取满足评价指标要求的仿真实验子空间。

综上,可以得到装备维修保障仿真实验分析框架,如图 5-1 所示。

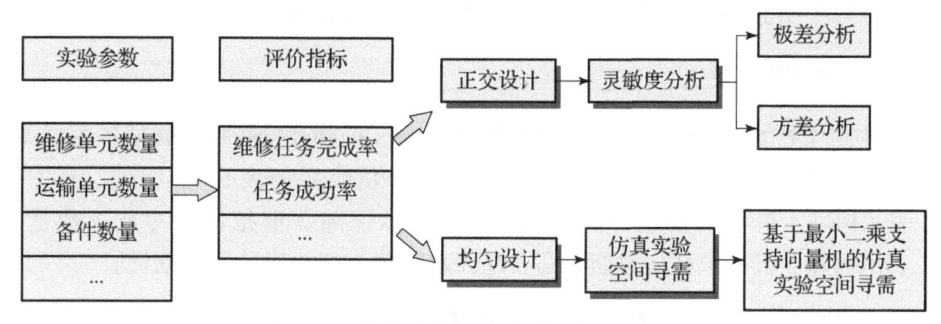

图 5-1 装备维修保障仿真实验分析框架

5.2 基于极差的灵敏度分析

5.2.1 基本原理

极差分析法用于解决仿真实验参数集 X 对评价指标 y 的灵敏度影响的排序。在装备维修保障仿真实验分析中，极差的含义是装备维修保障仿真实验评价指标最大值与最小值的差值，用来度量该评价指标的分散程度和变化情况，其计算公式为

$$R = y_{\max} - y_{\min} \quad (5-1)$$

假设 x_{ij} 表示仿真实验参数 i 的第 j 水平值（$i=1,2,\cdots,m; j=1,2,\cdots,l$），其中 l 为仿真实验参数的水平数，m 为待考察的仿真实验参数的总数。

如果仿真实验参数 i 在第 j 水平下的第 k 次仿真的评价指标为 y_{ijk}，每个仿真实验点的运行次数为 n，则该实验参数 i 在第 j 水平下对评价指标的无偏估计 $\bar{y}_{ij}$ 可表示为

$$\bar{y}_{ij} = \frac{\sum_{k=1}^{n} y_{ijk}}{n}$$

则反映装备维修保障仿真实验参数 x_i 灵敏度大小的极差 R_i 可表示为

$$R_i = \max\{k_{i1}, k_{i2}, \cdots, k_{ij}\} - \min\{k_{i1}, k_{i2}, \cdots, k_{ij}\} \quad (5-2)$$

在给定的仿真实验空间内，极差 R 越大，表明该实验参数相对其他实验参数而言对评价指标的影响越大，即灵敏度越高；极差 R 越小，表明该实验参数相对其他实验参数而言对评价指标的影响越小，即灵敏度越低。需要说明的是，评价指标的极差只能表示各实验参数对评价指标的相对影响程度，并不

能反映每个实验参数对评价指标影响灵敏度的显著性大小。

5.2.2 示例分析

按照4.6.1节所设计的方案进行仿真实验，得到评价指标维修任务完成率的统计均值$\bar{y}$。具体的仿真实验数据的极差分析结果如表5-1所列。其中，A表示保障1群5营营组专业2数量，B表示保障3群抢修队专业1数量，C表示保障2群接取队运输组数量，D表示保障2群抢修队备件数量。

表5-1 仿真实验数据的极差分析

实验号	A	B	C	D	维修任务完成率的统计均值$\bar{y}$
1	4	3	11	5	0.7451
2	4	4	13	8	0.8348
3	4	5	15	12	0.8670
4	8	3	13	12	0.9168
5	8	4	15	5	0.8206
6	8	5	11	8	0.8538
7	14	3	15	8	0.9022
8	14	4	11	12	0.9222
9	14	5	13	5	0.8336
y_{i1}	0.8156	0.8547	0.8404	0.7998	
y_{i2}	0.8637	0.8592	0.8617	0.8636	
y_{i3}	0.8860	0.8515	0.8633	0.9020	
极差	$R_A = 0.0704$	$R_B = 0.0077$	$R_C = 0.0229$	$R_D = 0.1022$	

从极差分析结果可以得到如下结论：

（1）因为$R_D > R_A > R_C > R_B$，所以在本例的仿真实验空间内，保障2群抢修队备件数量D对维修任务完成率的影响最大，其次是保障1群5营营组专业2数量A，再次是保障2群接取队运输组数量C，最后是保障3群抢修队专业1数量B。

（2）对于保障1群5营营组专业2数量A、保障2群接取队运输组数量C和保障2群抢修队备件数量D三个仿真实验参数来说，随着参数水平值的增加，有$k_1 < k_2 < k_3$，故上述三个参数的数量增加，维修任务完成率将增高。对

于保障 3 群抢修队专业 1 数量 B 来说，由于 k_1、k_2 和 k_3 相差不大，所以保障 3 群抢修队专业 1 数量 B 水平值在[3,4,5]的范围内增加，对维修任务完成率的影响不大。

（3）在本例中，由于维修任务完成率越高越好，所以直观地可按照实验参数对评价指标的影响大小排序，依次确定各个实验参数的最佳水平。

①对于保障 2 群抢修队备件数量 D，宜取第 3 水平；
②对于保障 1 群 5 营营组专业 2 数量 A，宜取第 3 水平；
③对于保障 2 群接取队运输组数量 C，宜取第 2 水平；
④对于保障 3 群抢修队专业 1 数量 B，宜取第 2 水平。

即[A,B,C,D] = [14,4,11,12]，上述最优参数水平组合是从 9 个仿真实验点中选出的，然而这 4 个三水平仿真实验参数的全面组合是有 81 个仿真实验点的，那就还需探讨[A,B,C,D] = [14,4,11,12]在全部 81 个仿真实验点中是不是最优参数水平组合的问题。

从图 5-2 所绘制的水平均值图可以看出，由于 $k_{A3} > k_{A2} > k_{A1}$，说明仿真实验参数 A 取第 3 水平值，即最高水平值时对评价指标影响更为显著。同理可发现 $k_{C3} > k_{C2} > k_{C1}$，$k_{D3} > k_{D2} > k_{D1}$，可见，仿真实验参数 C 和 D 都是在取最高水平时对评价指标影响更为显著，而 $k_{B2} > k_{B1} < k_{B3}$，则保障 3 群抢修队专业 1 数量 B 应取第二水平。在全部 81 个仿真实验点中，最优参数水平组合为[A,B,C,D] = [14,4,15,12]。

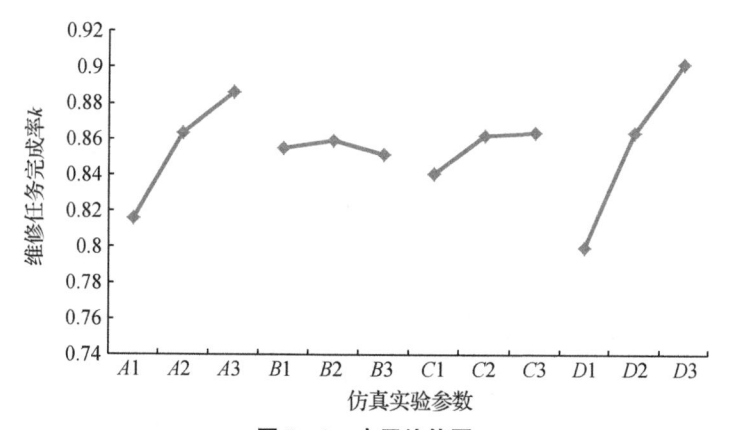

图 5-2 水平均值图

上述这种在全部仿真实验点中确定最佳仿真实验点参数水平组合的方式是由正交表的正交可比性保证的，不是基于正交表的仿真实验不能采用上述这种分析方法。

5.3 基于方差的灵敏度分析

偏差平方和反映的是评价指标的离散程度，可以用来度量因素变化对于指标影响的大小。方差分析的基本思想就是将各个仿真实验影响因素变化对评价指标影响的总偏差平方和，分解为仿真实验因素变化引起的偏差平方和及仿真实验误差引起的偏差平方和两部分，通过对这两部分偏差平方和之比进行 F 检验，进而判断哪些仿真实验影响因素对评价指标有显著影响。

5.3.1 基本原理

5.3.1.1 偏差平方和计算与分解

下面以基于正交表 $L_4(2^3)$ 进行仿真实验为例，研究其偏差平方和的计算与分解方法，并通过归纳法得到一般的偏差平方和计算与分解方法。正交表 $L_4(2^3)$ 如表 5-2 所列。

表 5-2 正交表 $L_4(2^3)$

实验号	正交表列号			评价指标
	1	2	3	
1	1	1	1	y_1
2	1	2	2	y_2
3	2	1	2	y_3
4	2	2	1	y_4
K_1	y_1+y_2	y_1+y_3	y_1+y_4	$T=y_1+y_2+y_3+y_4$
K_2	y_3+y_4	y_2+y_4	y_2+y_3	
k_1	$\dfrac{y_1+y_2}{2}$	$\dfrac{y_1+y_3}{2}$	$\dfrac{y_1+y_4}{2}$	$\bar{y}=\dfrac{1}{4}(y_1+y_2+y_3+y_4)$
k_2	$\dfrac{y_3+y_4}{2}$	$\dfrac{y_2+y_4}{2}$	$\dfrac{y_2+y_3}{2}$	

仿真实验影响因素和仿真实验误差引起的总偏差平方和可表示为

$$S_T = \sum_{i=1}^{n}(y_i-\bar{y})^2 = \sum_{i=1}^{4}(y_i-\bar{y})^2 = \sum_{i=1}^{4}\left[y_i-\frac{1}{4}(y_1+y_2+y_3+y_4)^2\right]$$

$$= \frac{1}{16}\sum_{i=1}^{4}(4y_i - y_1 - y_2 - y_3 - y_4)^2 \quad (5-3)$$

化简得

$$S_T = \frac{3}{4}(y_1^2 + y_2^2 + y_3^2 + y_4^2) - \frac{1}{2}(y_1y_2 + y_1y_3 + y_1y_4 + y_2y_3 + y_2y_4 + y_3y_4)$$

$$(5-4)$$

假设 r 表示仿真实验影响因素每个水平在实验中重复的次数，m 为水平数，k_{p1} 表示正交表第 1 列第 p 水平的评价指标均值。则在正交表 $L_4(2^3)$ 第 1 列中，仿真实验影响因素各水平的偏差平方和可表示为

$$\begin{aligned}
S_1 &= r\sum_{p=1}^{m}(k_{p1} - \bar{y})^2 = 2\sum_{p=1}^{2}(k_{p1} - \bar{y})^2 \\
&= 2(k_{11} - \bar{y})^2 + 2(k_{21} - \bar{y})^2 = 2\left[\left(\frac{y_1 + y_2}{2} - \bar{y}\right)^2 + \left(\frac{y_3 + y_4}{2} - \bar{y}\right)^2\right] \\
&= \frac{1}{8}[(2y_1 + 2y_2 - y_1 - y_2 - y_3 - y_4)^2 + (2y_3 + 2y_4 - y_1 - y_2 - y_3 - y_4)^2] \\
&= \frac{1}{4}(y_1 + y_2 - y_3 - y_4)^2 \\
&= \frac{1}{4}(y_1^2 + y_2^2 + y_3^2 + y_4^2) - \frac{1}{2}(y_1y_3 + y_1y_4 + y_2y_3 + y_2y_4 - y_1y_2 - y_3y_4)
\end{aligned}$$

$$(5-5)$$

同理，可计算正交表 $L_4(2^3)$ 的第 2 列、第 3 列仿真实验影响因素各水平的偏差平方和分别为

$$\begin{aligned}
S_2 &= 2(k_{12} - \bar{y})^2 + 2(k_{22} - \bar{y})^2 = 2\left[\left(\frac{y_1 + y_3}{2} - \bar{y}\right)^2 + \left(\frac{y_2 + y_4}{2} - \bar{y}\right)^2\right] \\
&= \frac{1}{4}(y_1^2 + y_2^2 + y_3^2 + y_4^2) - \frac{1}{2}(y_1y_2 + y_1y_4 + y_2y_3 + y_3y_4 - y_1y_3 - y_2y_4)
\end{aligned}$$

$$(5-6)$$

$$\begin{aligned}
S_3 &= 2(k_{13} - \bar{y})^2 + 2(k_{23} - \bar{y})^2 = 2\left[\left(\frac{y_1 + y_4}{2} - \bar{y}\right)^2 + \left(\frac{y_2 + y_3}{2} - \bar{y}\right)^2\right] \\
&= \frac{1}{4}(y_1^2 + y_2^2 + y_3^2 + y_4^2) - \frac{1}{2}(y_1y_2 + y_1y_3 + y_2y_4 + y_3y_4 - y_1y_4 - y_2y_3)
\end{aligned}$$

$$(5-7)$$

存在如下等式：

$$\begin{aligned}
S_T &= S_1 + S_2 + S_3 \\
&= \frac{3}{4}(y_1^2 + y_2^2 + y_3^2 + y_4^2) - \frac{1}{2}(y_1y_2 + y_1y_3 + y_1y_4 + y_2y_3 + y_2y_4 + y_3y_4)
\end{aligned}$$

$$(5-8)$$

如果正交表 $L_4(2^3)$ 的第 1 列和第 2 列分别安排两水平的仿真实验参数 A 和 B，在不考虑实验参数间交互效应的情况下，第 3 列就可视为仿真实验误差列。

同样有

$$S_T = S_A + S_B + S_e \qquad (5-9)$$

可知，仿真实验影响因素变化引起的总偏差平方和等于各个仿真实验影响因素变化所引起的偏差平方和与仿真实验误差引起的偏差平方和之和。

一般地，对于用正交表安排 N 个仿真实验影响因素的仿真实验，都有

$$S_T = S_A + S_B + S_{A \times B} + \cdots + S_N + S_e \qquad (5-10)$$

假设用正交表 $L_n(m^k)$ 设计仿真实验方案，如果仿真实验评价指标为 $y_1, y_2, \cdots, y_n$，则总偏差平方和 S_T 为

$$S_T = \sum_{i=1}^{n} (y_i - \bar{y})^2 = \sum_{i=1}^{n} y_i^2 - \frac{1}{n} \left(\sum_{i=1}^{n} y_i \right)^2 = Q_T - \frac{1}{n} T^2 \qquad (5-11)$$

其中，$Q_T = \sum_{i=1}^{n} y_i^2$ 表示在每个仿真实验点得到的评价指标平方之和，$T = \sum_{i=1}^{n} y_i$ 表示在每个仿真实验点得到的评价指标之和。

如果将仿真实验参数 A 安排在正交表的第 j 列，k_{pj} 表示实验参数 A 的第 $p(p=1,2,\cdots,m)$ 个水平的第 r 次仿真评价指标均值。则仿真实验参数 A 的偏差平方和为

$$S_A = r \sum_{p=1}^{m} (k_{pj} - \bar{x})^2 = \frac{1}{r} \sum_{p=1}^{m} K_{pj}^2 - \frac{1}{n} T^2 = Q_A - \frac{1}{n} T^2 \qquad (5-12)$$

仿真实验误差的偏差平方和 S_e 为

$$S_e = \sum_{i=1}^{n} x^2 - \frac{1}{r} \sum_{p=1}^{m} K_{pj}^2 = Q_T - Q_A \qquad (5-13)$$

一般地，式 (5-13) 可推广为

$$S_e = S_T - \sum \text{各仿真实验影响因素的偏差平方和} \qquad (5-14)$$

5.3.1.2 平均偏差平方和与自由度计算

将各个仿真实验影响因素引起的偏差平方和分别除以各自的自由度，即得到各个仿真实验影响因素引起的平均偏差平方和；同理，将仿真实验误差引起的偏差平方和除以仿真实验误差的自由度，将得到仿真实验误差引起的平均偏差平方和。例如，仿真实验参数 A、仿真实验参数 B 和仿真实验误差 e 的平均偏差平方和可表示为

$$V_A = \frac{S_A}{f_A}, V_B = \frac{S_B}{f_B}, V_e = \frac{S_e}{f_e} \qquad (5-15)$$

因为
$$S_T = S_A + S_B + S_e \qquad (5-16)$$
所以
$$f_T = f_A + f_B + f_e \qquad (5-17)$$

式（5-16）为自由度分解公式，表示总的自由度等于仿真实验参数 A、B 的自由度以及仿真实验误差的自由度之和。其中

$$f_T = 仿真实验点数量 - 1 = n - 1 \qquad (5-18)$$
$$f_A = 仿真实验参数 A 的水平数 - 1 = m - 1 \qquad (5-19)$$
$$f_B = 仿真实验参数 B 的水平数 - 1 = m - 1 \qquad (5-20)$$
$$f_e = f_T - (f_A + f_B) \qquad (5-21)$$

如果考虑仿真实验参数 A、B 的交互效应 $A \times B$，则 $S_{A \times B}$ 的自由度 $f_{A \times B}$ 等于仿真实验参数 A、B 的自由度之积。即

$$f_{A \times B} = f_A \times f_B \qquad (5-22)$$

此时有
$$f_e = f_T - (f_A + f_B + f_{A \times B}) \qquad (5-23)$$

一般地，对于正交表 $L_n(m^k)$，满足

$$n - 1 = k(m-1) \qquad (5-24)$$

表明总偏差平方和的自由度等于正交表各列偏差平方和的自由度之和。

5.3.1.3 F 值计算及 F 检验

在得到各个仿真实验影响因素的偏差平方和与自由度后，就可计算 F 值并进行显著性检验。例如，对于仿真实验参数 A，构造 F_A

$$F_A = \frac{V_A}{V_e} = \frac{\dfrac{S_A}{f_A}}{\dfrac{S_e}{f_e}} \qquad (5-25)$$

则有 F_A 属于 F 分布。即

$$F_A \sim F(f_A, f_e) \qquad (5-26)$$

由于 $\dfrac{S_A}{f_A}$ 和 $\dfrac{S_e}{f_e}$ 都是关于方差的无偏估计，两者之比应接近 1，即仿真实验参数 A 的均值之间不存在实验参数 A 水平变化引起的误差，只存在仿真系统的随机误差。

对于仿真实验参数 A 的 F_A，当 $F_A > F_\alpha(f_A, f_e)$ 时，认为在置信水平 $1-\alpha$ 下，参数 A 变化对于评价指标的影响大于误差的影响，即参数 A 对评价指标影响显著，其中 $F_\alpha(f_A, f_e)$ 可从 F 分布表中查出。常取 $\alpha = 0.05$ 或 0.01，并约

定：当 $F_A > F_{0.01}(f_A, f_e)$，参数 A 对评价指标影响非常显著，记为（**）；当 $F_{0.01}(f_A, f_e) \geq F_A > F_{0.05}(f_A, f_e)$，参数 A 对评价指标影响显著，记为（*）；当 $F_A \leq F_{0.05}(f_A, f_e)$，参数 A 对评价指标影响不显著。

5.3.2 示例分析

按照 4.6.2 节示例中设计的仿真实验方案进行仿真实验，得到评价指标维修任务完成率的统计均值 $\bar{y}$。具体的仿真实验数据及方差计算结果如表 5-3 所列。其中，A 表示保障 1 群 5 营营组专业 2 数量，B 表示保障 3 群抢修队专业 1 数量，C 表示保障 2 群接取队运输组数量，D 表示保障 2 群抢修队备件数量。

表 5-3 仿真实验数据的方差分析

实验号	B	D	$B \times D$	误差列 1	C	A	误差列 2	维修任务完成率的统计均值 $\bar{y}$
1	4	14	1	1	5	10	1	0.7615
2	4	14	1	2	10	14	2	0.8556
3	4	18	2	1	5	14	2	0.8654
4	4	18	2	2	10	10	1	0.8637
5	10	14	2	1	10	10	2	0.8569
6	10	14	2	2	5	14	1	0.8581
7	10	18	1	1	10	14	1	0.9237
8	10	18	1	2	5	10	2	0.8521
K_{j1}	3.3462	3.3321	3.3929	3.4075	3.3371	3.3342	3.407	
K_{j2}	3.4908	3.5049	3.4441	3.4295	3.4999	3.5028	3.4300	
k_{j1}	0.8366	0.8330	0.8482	0.8519	0.8343	0.8336	0.8518	
k_{j2}	0.8727	0.8762	0.8610	0.8574	0.8750	0.8757	0.8575	
极差	0.0361	0.0432	0.0128	0.0055	0.0407	0.0421	0.0057	
S_j	0.0026	0.0037	0.0003	6.05×10^{-5}	0.003313	0.0035532	6.613×10^{-5}	

经过进一步计算，可以得到方差分析表，如表 5-4 所列。

表 5-4 方差分析表

方差来源	偏差平方和	自由度	平均偏差平方和	F 比	临界值	显著性
B	0.0026	1	0.0026	41.2817		**
D	0.0037	1	0.0037	58.9533		**
$B \times D$	0.0003	1	0.0003	5.1756		
C	0.0033	1	0.0033	52.3274	$F_{0.05}(1,4)=5.5914$	**
A	0.0036	1	0.0036	56.1223	$F_{0.01}(1,4)=12.2464$	**
误差	0.0001	2	6.331×10^{-5}			
总和	0.0137	7				

从方差分析结果可以得到如下结论：

(1) 因为 $F_D = 58.9533 > F_{0.01} = 12.2464$，所以保障 2 群抢修队备件数量 D 是对维修任务完成率影响非常显著的因素。

因为 $F_A = 56.1223 > F_{0.01} = 12.2464$，所以保障 1 群 5 营营组专业 2 数量 A 是对维修任务完成率影响非常显著的因素。

因为 $F_C = 52.3274 > F_{0.01} = 12.2464$，所以保障 2 群接取队运输组数量 C 是对维修任务完成率影响非常显著的因素。

因为 $F_B = 41.2817 > F_{0.01} = 12.2464$，所以保障 3 群抢修队专业 1 数量 B 是对维修任务完成率影响非常显著的因素。

因为 $F_{B \times D} = 5.1756 < F_{0.05} = 5.5914$，所以保障 3 群抢修队专业 1 数量 B 和保障 2 群抢修队备件数量 D 的交互效应 $B \times D$ 对维修任务完成率的影响不显著。

(2) 因为 $F_D > F_A > F_C > F_B$，所以在本例的仿真实验空间内，保障 2 群抢修队备件数量 D 对维修任务完成率的影响最大，其次是保障 1 群 5 营营组专业 2 数量 A，再次是保障 2 群接取队运输组数量 C，最后是保障 3 群抢修队专业 1 数量 B。这与极差分析结论是一致的。

维修任务完成率随各个仿真实验参数的变化趋势如图 5-3 所示。

从图 5-3 中可以看出，保障 3 群抢修队专业 1 数量 B 对维修任务完成率的影响比在极差分析时明显显著。在本例中，保障 3 群抢修队专业 1 数量 B 的水平是在 [4,10] 范围内变化的，而在极差分析时，其水平值是在 [3,4,5] 范围内变化，可见保障 3 群抢修队专业 1 数量 B 在 [4,10] 范围内比在 [3,4,5] 范围内变化对维修任务完成率的影响更敏感。

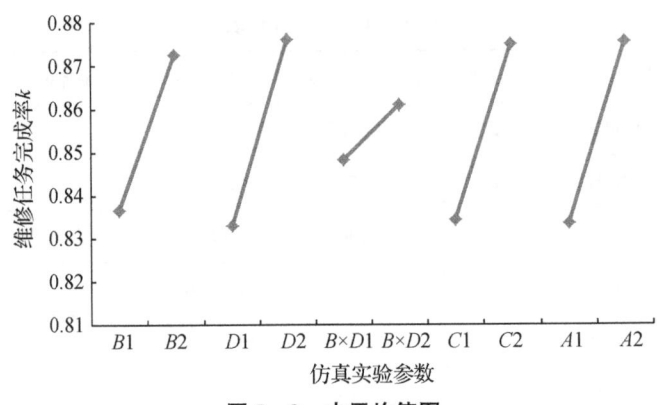

图 5-3 水平均值图

（3）在本例中，维修任务完成率越高越好。直观地看，$\bar{y}_7 = 0.9237$ 最大，可认为 $\bar{y}_7$ 所对应的 4 个仿真实验参数水平组合是最好的，即保障 1 群 5 营营组专业 2 数量 A 取水平值 14，保障 3 群抢修队专业 1 数量 B 取水平值 10，保障 2 群接取队运输组数量 C 取水平值 10，保障 2 群抢修队备件数量 D 取水平值 18。

上述最优参数水平组合是从 8 个仿真实验点中选出的，然而这 4 个两水平仿真实验参数的全面组合有 16 个仿真实验点，还需探讨 $[A,B,C,D]=[14,10,10,18]$ 在全部 16 个仿真实验点中是不是最优参数水平组合的问题。

由于 $k_{B2} > k_{B1}$，说明仿真实验参数 B 取第 2 水平值，即高水平值时对评价指标影响更为显著，同理可发现 $k_{D2} > k_{D1}$，$k_{C2} > k_{C1}$，$k_{A2} > k_{A1}$，仿真实验参数 D、C 和 A 都是在取高水平时对评价指标影响更为显著，这与通过直观分析所得到的最优参数水平组合 $[A,B,C,D]=[14,10,10,18]$ 相同。由此认为，$[A,B,C,D]=[14,10,10,18]$ 就是 16 个仿真实验点中最优的参数水平组合，这与现实装备维修保障中维修保障资源配置越多，维修保障能力越好的基本认识是相符的。

5.4 基于最小二乘支持向量机的仿真实验空间寻需

装备维修保障仿真实验空间寻需的实质可看作是对仿真实验空间进行模式分类。为此，本书考虑在有限的仿真实验数据样本情况下，引入支持向量机技术寻求满足特定维修保障能力要求下的仿真实验子空间。

5.4.1 仿真实验空间分类原理

支持向量机（Support Vector Machine，SVM）是 20 世纪 90 年代提出的一

种具有坚实数学基础的统计学习方法,可用于对有限样本的统计分类,本书考虑将这一特性用于解决仿真实验空间的寻需问题。

如图 5-4 所示,假设仿真实验空间中存在两类仿真实验点,一类是满足评价指标要求的仿真实验点,另一类不满足。基于 SVM 的仿真实验空间分类机理可描述为:在仿真实验空间中寻找一个分类超面,使得最靠近这个分类超面的两类仿真实验点到超面的空间距离之和最大。这个距离称为分类间隔(margin)。从图 5-4 中可以看出,margin1 > margin2,则实线对应的分类超面优于虚线对应的分类超面。本书借助支持向量机的强大分类功能,试图给出装备维修保障仿真实验空间的分类超面,达到仿真实验空间寻需的目的。

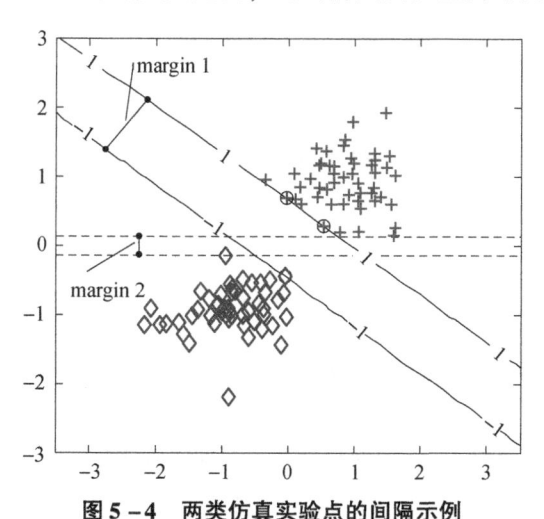

图 5-4 两类仿真实验点的间隔示例

假设通过装备维修保障仿真系统运行获得了 n 个仿真实验数据样本

$$(X_1,y_1),(X_2,y_2),\cdots,(X_n,y_n), X \in \mathbf{R}^N, y \in \{-1,1\} \quad (5-27)$$

式中:X 表示仿真实验空间;y 表示某一评价指标。给定阈值 η,如果 $y_i > \eta$,则标记相应的仿真实验点 X_i 为 1,否则为 -1。如果这 n 个仿真实验点在仿真实验空间中可分,根据空间解析几何知识,在装备维修保障仿真实验空间中将存在一个超面

$$w \cdot X + b = 0 \quad (5-28)$$

将这两类仿真实验点分开,其中 w 表示仿真实验点到超面的法向量,b 为偏置。不妨设仿真实验点到超面的最近距离为 1,即 $\min\limits_{X_i}|w \cdot x + b| = 1$。则超面方程满足

$$\left. \begin{array}{l} X_i \cdot w + b \geqslant 1, y_i = 1 \\ X_i \cdot w + b \leqslant -1, y_i = -1 \end{array} \right\} \Leftrightarrow y_i(X_i \cdot w + b) - 1 \geqslant 0 \quad (5-29)$$

而装备维修仿真实验空间中任意一点 X 到超面的距离为

$$d(\boldsymbol{w},b:X) = \frac{|\boldsymbol{w}\cdot X + b|}{\|\boldsymbol{w}\|} \tag{5-30}$$

其中，$\|\boldsymbol{w}\|$ 表示法向量 $\boldsymbol{w}$ 的模。则分类间隔 $\rho(\boldsymbol{w},b)$ 可表示为

$$\begin{aligned}
\rho(\boldsymbol{w},b) &= \min_{\{X_i|y_i=1\}} d(\boldsymbol{w},b:X_i) + \min_{\{X_j|y_j=-1\}} d(\boldsymbol{w},b:X_j) \\
&= \min_{\{X_i|y_i=1\}} \frac{|\boldsymbol{w}\cdot X_i + b|}{\|\boldsymbol{w}\|} + \min_{\{X_j|y_j=-1\}} \frac{|\boldsymbol{w}\cdot X_j + b|}{\|\boldsymbol{w}\|} \\
&= \frac{1}{\|\boldsymbol{w}\|}(\min_{\{X_i|y_i=1\}} |\boldsymbol{w}\cdot X_i + b| + \min_{\{X_j|y_j=-1\}} |\boldsymbol{w}\cdot X_j + b|) \\
&= \frac{2}{\|\boldsymbol{w}\|}
\end{aligned} \tag{5-31}$$

则超面的求解可转化为下述规划问题

$$\begin{cases} \min \Phi(\boldsymbol{w}) = \frac{1}{2}\|\boldsymbol{w}\|^2 \\ \text{s.t.} \quad y_i(X_i\cdot \boldsymbol{w} + b) - 1 \geq 0 \end{cases} \tag{5-32}$$

引入拉格朗日函数，有

$$L(\boldsymbol{w},b,\alpha) = \frac{1}{2}\|\boldsymbol{w}\|^2 - \sum_{i=1}^{n}\alpha_i\{y_i(\boldsymbol{w}\cdot X_i + b) - 1\} \tag{5-33}$$

式中：$\alpha_i > 0$ 表示与仿真实验数据样本 (X_i,y_i) 对应的拉格朗日系数。则求解最优超面即是求最小值。

分别对 $\boldsymbol{w}$ 和 b 求偏导，并令其为 0，可进一步将问题转化为如下优化问题

$$\begin{cases} \max_{\alpha} w(\alpha) = \max_{\alpha} \sum_{i=1}^{n}\alpha_i - \frac{1}{2}\sum_{i,j=1}^{n}\alpha_i\alpha_j y_i y_j(X_i\cdot X_j) \\ \text{s.t.} \quad \alpha_i \geq 0, i = 1,2,\cdots,n \\ \qquad \sum_{i,j=1}^{n}\alpha_i y_j = 0 \end{cases} \tag{5-34}$$

根据运筹学的相关知识，式（5-34）必存在唯一解，假设为 $\alpha^* = (\alpha_1^*, \alpha_2^*,\cdots,\alpha_n^*)$。根据最优性条件（KKT 条件），该最优解满足

$$\alpha_i[y_i(X_i\cdot \boldsymbol{w}) - 1] = 0, i = 1,2,\cdots,n \tag{5-35}$$

式（5-35）表明，如果仿真实验点到超面的距离不是最短距离，即 $y_i(\boldsymbol{w}\cdot X + b) > 1$，则 $\alpha_i = 0$；如果 $\alpha_i \neq 0$，则 $y_i(\boldsymbol{w}\cdot X + b) = 1$，即该仿真实验点为仿真实验空间中距离超面最近的点，称其为支持向量（Support Vector, SV）。将支持向量代入式（5-32）中可得

$$\begin{cases} w^* = \sum_{i=1}^{n} y_i \alpha_i X_i \\ b^* = -\frac{1}{2} w \cdot (X_r + X_s) \end{cases} \quad (5-36)$$

式中：X_r 和 X_s 是仿真实验空间中两类不同的支持向量。则最优分类函数为

$$f(x) = \text{sgn}[w \cdot X + b] = \text{sgn}\left\{\sum_{i=1}^{n} \alpha_i^* y_i (X_i \cdot X) + b^*\right\} \quad (5-37)$$

式中：sgn 为符号函数。

当两类仿真实验点在当前仿真实验空间中线性不可分时，按照结构风险最小化原则，增加约束 $\xi_i \geq 0$ 将式（5-32）变为

$$\begin{cases} \min \Phi(w, \xi_i) = \frac{1}{2} \|w\|^2 + c \sum_{i=1}^{n} \xi_i \\ \text{s.t.} \quad y_i (X_i \cdot w + b) \geq 1 - \xi_i \\ \xi_i \geq 0, i = 1, 2, \cdots, n \end{cases} \quad (5-38)$$

式中：$\sum_{i=1}^{n} \xi_i$ 代表经验风险 $R_{\text{emp}}(w)$，$c \in \mathbf{R}^+$ 是对仿真实验点错误分类的惩罚因子。此时的优化问题与式（5-34）基本相同，只是将 α_i 的约束变为

$$0 \leq \alpha_i \leq c \quad (5-39)$$

实际上，根据现有 SVM 研究结论，有时是无法直接在装备维修保障仿真实验空间里构造最优分类超面的，常用解决方法是引入一个非线性变换 $\psi(X_i)$，将 X_i 映射成某个高维特征空间中的向量 Z_i，然后在该特征空间中求 Z_i（$i=1,2,\cdots,n$）的最优分类超面。由于式（5-34）和式（5-37）中都只涉及仿真实验点间的内积运算（$X_i \cdot X_j$），在特征空间中也只需进行内积运算（$Z_i \cdot Z_j$）。目前常直接用核函数 $K(X_i \cdot X_j)$ 对（$Z_i \cdot Z_j$）进行计算，分类函数式（5-37）变为

$$f(x) = \text{sgn}[w \cdot X + b] = \text{sgn}\left\{\sum_{i=1}^{n} \alpha_i^* y_i K(X_i \cdot X) + b\right\} \quad (5-40)$$

上述仿真实验空间分类函数所需确定的参数较多，本书进一步提出用最小二乘向量机（LS-SVM）对装备维修保障仿真实验空间进行分类。与基本 SVM 相比，LS-SVM 的不同点是用仿真实验数据样本的误差平方和代替 ξ_i，并将式（5-37）中的约束直接取等，可大大简化问题求解。由此可得，基于 LS-SVM 的装备维修保障仿真实验空间分类问题转化为求解线性方程：

$$\begin{cases} \min \Phi(\boldsymbol{w}, e_i) = \dfrac{1}{2} \|\boldsymbol{w}\|^2 + c \sum_{i=1}^{n} e_i \\ \text{s. t.} \quad y_i(X_i \cdot \boldsymbol{w} + b) = 1 - e_i \\ \quad\quad e_i \geqslant 0, i = 1,2,\cdots,n \end{cases} \quad (5-41)$$

5.4.2 求解流程

基于 LS – SVM 进行装备维修保障仿真实验空间寻需的求解流程如图 5 – 5 所示。

```
获取仿真实验数据样本并按给定的
维修保障要求对评价指标进行分类
            ↓
       仿真实验参数归一化
            ↓
         确定核函数
            ↓
     基于交叉验证法确定
     惩罚因子c和核函数参数g
            ↓
       仿真实验空间分类
            ↓
     仿真实验空间寻需及验证
```

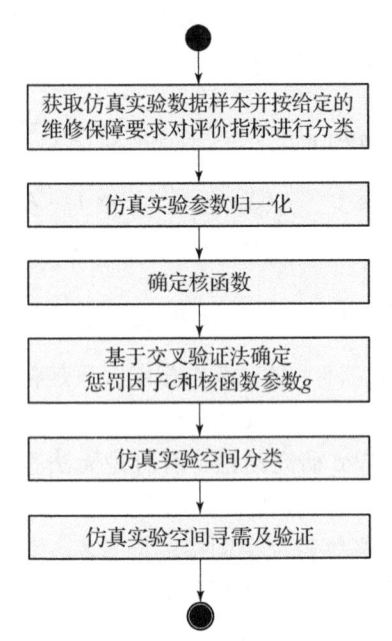

图 5 – 5　基于 LS – SVM 的仿真实验空间寻需求解流程

1. 仿真实验数据样本获取并对评价指标进行分类

根据具体的装备维修保障仿真实验问题，设计仿真实验方案，执行方案获取仿真实验数据样本$(X_1, y_1), (X_2, y_2), \cdots, (X_n, y_n), X \in \mathbf{R}^N$。定义阈值 η，如果 $y_i > \eta$，则标记相应的仿真实验点 X_i 为 1，否则为 – 1。

2. 仿真实验参数归一化

对于仿真实验点 X_i 中的每一个仿真实验参数 x_i 进行归一化处理：

$$\bar{x}_i = \dfrac{x_i - \min(x_i)}{\max(x_i) - \min(x_i)} \quad (5-42)$$

归一化后有 $\bar{x}_i \in [0,1]$。

3. 确定核函数

目前常见的核函数包括径向基核函数（RBF）、线性核函数和 Sigmoid 核函数等。其中径向基核函数简单、高效，使用最为广泛，本书确定径向基核函数为所选用的核函数，其形式为

$$K(X, x_i) = \exp\left[-\frac{\| X - K_i \|^2}{g^2} \right] \qquad (5-43)$$

式中：x_i 表示 k 维的仿真实验参数向量；K_i 表示第 i 个径向基函数中心；g 为径向基函数中需确定的参数。

4. 确定惩罚因子 c 与核函数参数 g

为了得到泛化能力强的装备维修保障仿真实验空间分类模型，必须合理确定惩罚因子 c 和径向基核函数参数 g。目前确定上述两个参数的方法很多，本书选用网格搜索法，其基本思路是给定 c 和 g 的取值范围，将其二维平面数据空间划分为网格，遍历网格里所有点的 (c,g) 值，将仿真实验数据样本根据留一交叉验证法得到每个网格点 (c,g) 取值下的分类正确率，最终分类正确率最大的那组 (c,g) 值即为优化得到的 (c,g) 值。当存在多组最优 (c,g) 值时，为增强泛化能力，取 c 最小的那组 (c,g) 值。

5. 仿真实验空间分类

在获取仿真实验数据样本，并得到优化的 (c,g) 值后，本书利用 libsvm 工具箱，在 MATLAB 环境下编程实现对仿真实验空间分类函数的求解，得到装备维修保障仿真实验空间的分类模型。

6. 仿真实验空间寻需及验证

以未知的仿真实验点作为分类模型的输入，通过分类模型的输出值就可以判断该仿真实验点是否满足装备维修保障评价指标要求。通过比较该仿真实验点在实际装备维修保障仿真系统运行下得到的评价指标值，可验证仿真实验空间的分类正确程度。

5.4.3 示例分析

以 4.6.3 节中某仿真示例的装备维修保障仿真实验为例，探讨如何运用最小二乘支持向量机技术，在有限仿真实验数据分析样本的基础上，获取满足维修保障要求的仿真实验子空间。

仿真实验数据样本如表 5-5 所列，其中，A 表示保障 1 群 5 营营组专业 2 数量，B 表示保障 3 群抢修队专业 1 数量，C 表示保障 2 群接取队运输组数量，D 表示保障 2 群抢修队备件数量。表的最后一列用来表明是否达到维修保障要求。在本例中，以维修任务完成率 0.84 为阈值，即大于等于 0.84 为满足

维修保障要求的仿真实验点，用"1"表示，小于0.84就是不满足维修保障要求的仿真实验点，在表中用"-1"表示。本例仿真实验数据分析的目的是在14个仿真实验数据样本的基础上，利用支持向量机技术，以满足维修保障要求与否为标准，在仿真实验空间中获取一个需求空间超面，对仿真实验空间进行最优分割。

表5-5 仿真实验数据

实验号	A	B	C	D	维修任务完成率统计均值 $\bar{y}$	是否满足要求
1	2	6	15	26	0.7873	-1
2	3	10	11	22	0.8069	-1
3	4	14	7	18	0.8208	-1
4	5	3	18	14	0.7958	-1
5	6	7	14	10	0.8421	1
6	7	11	10	6	0.8547	1
7	8	15	6	2	0.7837	-1
8	9	4	15	28	0.8554	1
9	10	8	7	24	0.8624	1
10	11	12	14	20	0.8817	1
11	12	16	3	16	0.8704	1
12	13	5	13	12	0.8565	1
13	14	9	5	8	0.8336	-1
14	15	13	12	4	0.8311	-1

基于libsvm工具箱，在MATLAB环境下首先利用上述仿真实验数据样本对(c, g)寻优。

为了在一个较大的范围内搜索(c, g)的最优值，同时为便于观察，将(c, g)作$\log_2 c$，$\log_2 g$的参数坐标变换，利用留一交叉验证法对所有网格点进行计算，获取使得LS-SVM学习分类正确率最高的(c, g)参数值。

第 5 章　装备维修保障仿真实验分析

设置初始 c 的取值范围为 $2^{-2} \sim 2^{4}$，g 的取值范围为 $2^{-4} \sim 2^{4}$，在上述取值范围内进行 (c, g) 筛选，筛选结果为 $c = 11.3137$，$g = 1.4142$，如图 5-6 所示。图中等高线表示取相应的 (c, g) 值所对应的分类正确率的 0.5 倍值，该值最高点所对应的 (c, g) 值即为最优参数。

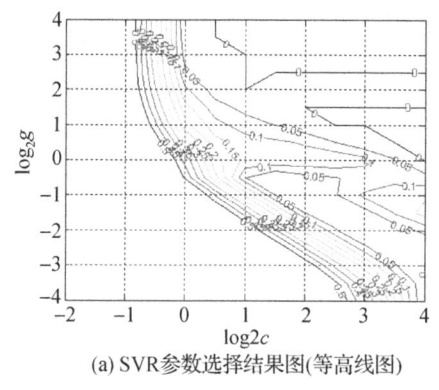

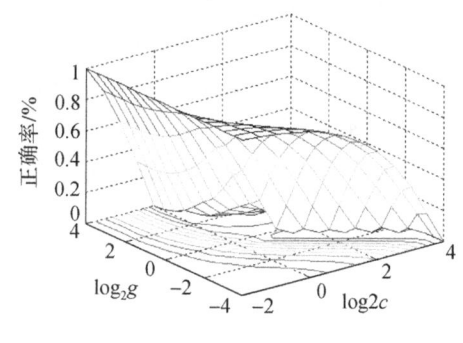

(a) SVR 参数选择结果图(等高线图)　　(b) SVR 参数选择结果图(3D视图)

图 5-6　参数筛选结果图

在参数优选完成后，使用仿真实验数据样本训练支持向量机就可以生成最优分类超面。最后用新的 5 个仿真实验点对分类结果进行测试，并与实际装备维修保障仿真系统的运行结果进行对比验证。分类结果如表 5-6 所列。

表 5-6　分类结果

编号	A	B	C	D	分类结果	仿真系统实际运行值 $\bar{y}$
1	4	5	6	6	-1	0.7924
2	8	5	12	14	1	0.8487
3	11	6	8	10	1	0.8576
4	2	3	15	16	-1	0.7531
5	9	10	8	12	1	0.8876

由分类结果可知，仿真实验点 2、仿真实验点 3 和仿真实验点 5 对应的实验参数水平组合 $[A, B, C, D] = [8, 5, 12, 14]$、$[A, B, C, D] = [11, 6, 8, 10]$ 和 $[A, B, C, D] = [9, 10, 8, 12]$ 为仿真实验空间中满足需求的仿真实验点，通过与实际仿真输出进行比对，表明基于最小二乘支持向量机对装备维修保障仿真实验空间的分类寻需结果完全正确。

5.5　本章小结

本章重点研究装备维修保障仿真实验数据分析方法。首先，分析装备维修保障仿真实验分析框架，借鉴现有易于操作、计算量适中的灵敏度分析方法，研究基于极差分析和方差分析的灵敏度分析方法；其次，为实现对装备维修保障仿真实验空间寻需，提出基于最小二乘支持向量机的仿真实验空间寻需方法。上述研究将为装备维修保障系统的持续优化提供分析方法支持。

第6章

装备维修保障仿真实验原型系统设计与实现

在装备维修保障仿真实验相关技术方法研究的基础上,本章首先对装备维修保障仿真实验原型系统的设计需求进行分析,对仿真实验原型系统的构建进行总体概述,明确其功能需求和数据需求;随后详细分析原型系统的总体结构设计和系统功能设计,并对其具体功能实现进行说明。

6.1 装备维修保障仿真实验原型系统需求分析

实现装备维修保障仿真实验原型系统(Equipment Maintenance Support Simulation Experimental Software,EMSSES),首先需要进行软件需求分析,明确仿真实验分析人员对于原型系统的各项要求。作为软件工程中的首要环节,装备维修保障仿真实验原型开发需求捕捉与分析是否到位,直接决定了原型系统开发的成败。

6.1.1 装备维修保障仿真实验原型系统设计目标

装备维修保障仿真实验原型系统实现为装备维修保障仿真实验提供可操作的软件工具。本书在前面几章分别对装备维修保障仿真实验参数与评价指标、装备维修保障仿真实验设计,以及装备维修保障仿真实验分析等内容进行了深入细致的研究,取得了以下研究成果。

(1)确定装备维修保障仿真实验参数和评价指标。基于仿真实体属性构建装备维修保障仿真实验参数全集,分别从面向装备维修保障仿真系统和面向装备保障对象系统两个角度确定评价指标全集,针对实验参数和评价指标数量众多的问题,首先对实验参数进行初选,提出备件参数综合方法,最后提出基于实验目的和 QFD 的仿真实验参数与评价指标确定方法。

(2)研究装备维修保障仿真实验设计方法。改进实验方案制定的一般流程,提出实验方案的评价指标。围绕仿真实验方案的设计要素,分析确定实验设计方法；研究单个仿真实验点的仿真运行次数问题；针对实验参数维数进行优化，将改进的顺序分支法用于实验参数定量筛选；提出参数水平数的确定方法。

（3）研究装备维修保障仿真实验分析方法。从研究装备维修保障仿真实验分析框架入手，明确仿真实验分析所需解决的具体问题，再以上述实验分析问题为牵引，分别从灵敏度分析和仿真实验空间寻需两方面研究装备维修保障仿真实验分析方法。

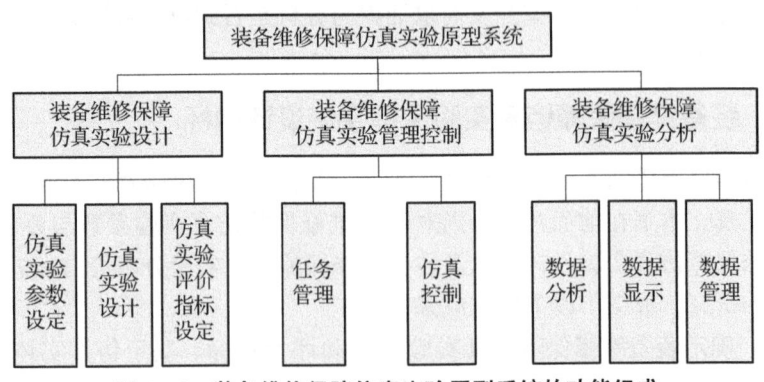

装备维修保障仿真实验原型系统是面向任务的装备维修保障仿真分析与评价系统的重要组成部分，从整个大系统来看，装备维修保障仿真系统可认为是基于装备维修保障仿真模型模拟装备维修保障活动，而装备维修保障仿真实验系统则是基于仿真实验方案，通过运行装备维修保障仿真系统产生仿真数据，在此基础上对仿真数据进行分析，挖掘装备维修保障规律，进而有效地迭代"仿真实验设计→仿真运行→数据分析"这个闭环过程，最终为装备维修保障系统的评价与优化提供决策支持。

6.1.2 装备维修保障仿真实验原型系统功能需求

搭建装备维修保障仿真实验原型系统要求能准确获取仿真实验参数和评价指标，设计仿真实验方案，管控仿真实验运行，并对仿真实验数据进行分析，最终实现装备维修保障系统的分析与评价。装备维修保障仿真实验原型系统的功能组成如图 6-1 所示。

图 6-1 装备维修保障仿真实验原型系统的功能组成

装备维修保障仿真实验原型系统功能实现主要包括三大部分，即装备维修保障仿真实验设计功能、装备维修保障仿真实验管理控制功能和装备维修保障仿真实验分析功能。装备维修保障仿真实验设计功能主要包括仿真实验参数设定、仿真实验设计和仿真实验评价指标设定。装备维修保障仿真实验管理控制功能主要包括任务管理和仿真控制。装备维修保障仿真实验分析功能主要包括数据分析、数据显示和数据管理。

1. 仿真实验参数设定功能需求分析

装备维修保障仿真实验参数设定的实质是抽取并定义装备维修保障仿真系统中相应仿真实体的不确定性属性参数体系。即依据仿真模型的分辨率，确定该分辨率仿真模型层次的不确定性属性参数，进而构建起用于仿真实验的实验参数种类和数量。装备维修保障仿真实验参数设定功能组成如图6-2所示。

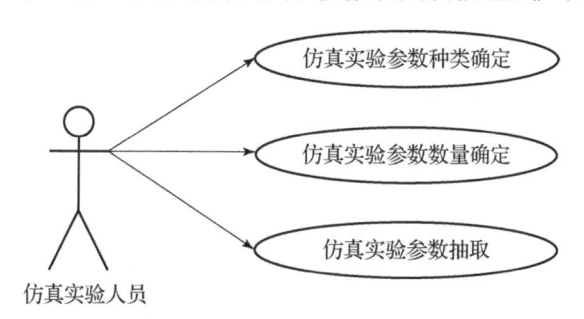

图6-2 装备维修保障仿真实验参数设定功能组成

2. 仿真实验设计功能需求分析

装备维修保障仿真实验设计功能要求能提供需要使用的仿真实验设计方法进行选择，能够设置单个仿真实验点的仿真运行次数，此外，还应能够设置每个仿真实验参数的水平数和水平值，其中水平的调整应提供按比例或按步长两种调整方式。装备维修保障仿真实验设计功能组成如图6-3所示。

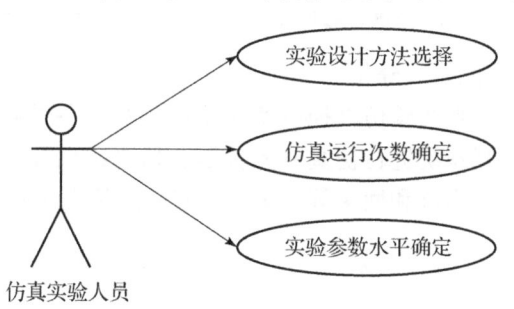

图6-3 装备维修保障仿真实验设计功能组成

3. 仿真实验评价指标设定功能需求分析

装备维修保障仿真实验评价指标设定实质是抽取并确定仿真实验数据分析所使用的评价指标，即明确实验参数的仿真输出影响参数是什么，要求能够同时对多个评价指标进行选择，后续在进行仿真实验分析时，可以选择某一评价指标，针对该评价指标进行相应的数据分析。装备维修保障仿真实验评价指标设定功能组成如图6-4所示。

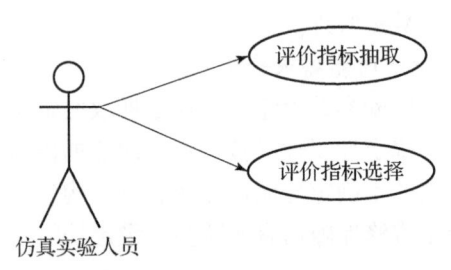

图 6-4　装备维修保障仿真实验评价指标设定功能组成

4. 任务管理功能需求分析

装备维修保障仿真实验任务管理实质是加载和执行装备使用任务模型，并将装备维修保障仿真系统按照既定的装备使用任务向前推进，包括管理最小任务单元工作状态更新、判断最小任务单元工作量以及判断最小任务单元以上作战单元时序任务。装备维修保障仿真实验原型系统的任务管理功能组成如图 6-5 所示。

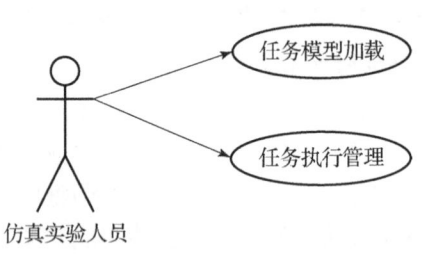

图 6-5　装备维修保障仿真实验任务管理功能组成

5. 仿真控制功能需求分析

装备维修保障仿真实验仿真控制实质是在进行装备维修保障仿真实验中，对装备维修保障仿真系统进行仿真开始控制、仿真结束控制和仿真时间控制，包括仿真时间同步、推进和回滚等。装备维修保障仿真实验仿真控制功能组成如图 6-6 所示。

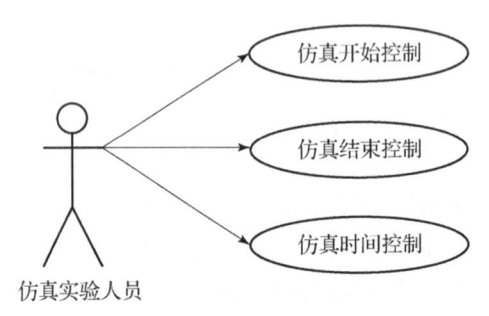

图 6-6　装备维修保障仿真实验仿真控制功能组成

6. 数据分析功能需求分析

装备维修保障仿真实验数据分析主要是针对仿真实验方案运行得到的仿真数据进行的各项分析。依据评价指标的设定类型，选择需要进行的数据分析模式，主要包括极差分析和方差分析两类。装备维修保障仿真实验数据分析功能组成如图 6-7 所示。

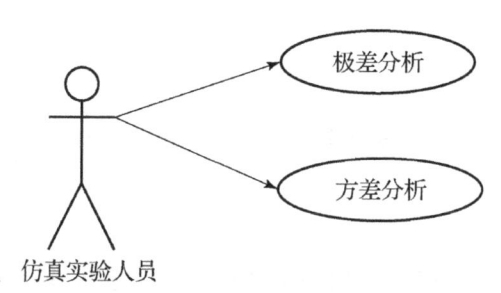

图 6-7　装备维修保障仿真实验数据分析功能组成

7. 数据显示功能需求分析

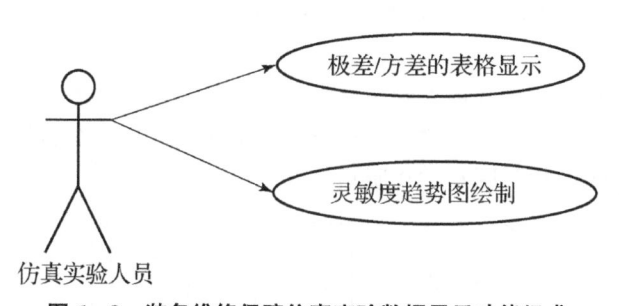

装备维修保障仿真实验数据显示功能要求在对仿真实验数据进行分析的同时，能够对极差分析和方差分析以表格形式进行展示以及绘制灵敏度趋势图，使得仿真实验数据的分析结果变得直观、便于仿真实验人员理解，便于为装备维修保障决策提供依据。装备维修保障仿真实验数据显示功能组成如图 6-8 所示。

图 6-8　装备维修保障仿真实验数据显示功能组成

8. 数据管理功能需求分析

装备维修保障仿真实验数据管理功能要求能够对仿真中间及结果数据进行计算和存储，记录仿真实验数据的分析结果，以便于日后查看，并且还需能够删除历史仿真实验数据记录。装备维修保障仿真实验数据管理功能组成如图 6-9 所示。

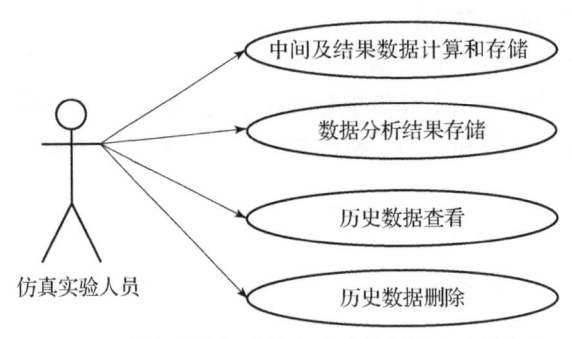

图 6-9　装备维修保障仿真实验数据管理功能组成

6.2　装备维修保障仿真实验原型系统设计

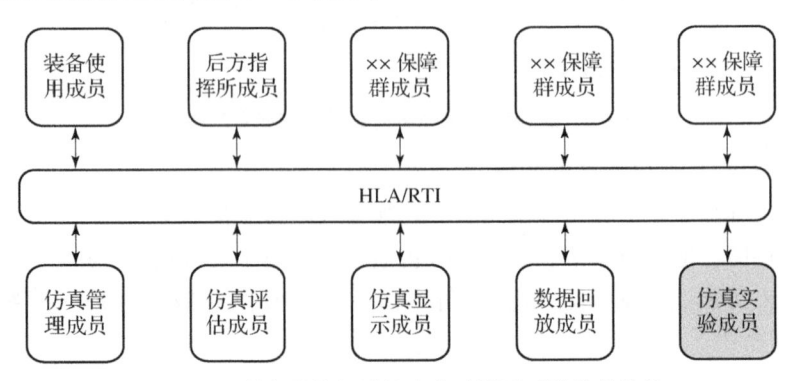

6.2.1　装备维修保障仿真实验原型系统总体结构设计

装备维修保障仿真实验原型系统是以装备维修保障仿真实验需求为依据，对装备维修保障仿真实验过程中的仿真实验参数和评价指标确定、仿真实验设计、仿真实验控制和仿真实验分析等方面提供服务的软件工具。考虑到前期开发是基于 HLA 的装备维修保障仿真通用平台，为保证系统运行的一致性，所以本书也同样基于 HLA 实现装备维修保障仿真实验原型系统。具体思路为将装备维修保障仿真实验原型系统作为一个联邦成员，在进行装备维修保障仿真的联邦成员设置时，将其加入到仿真联邦中，此时仿真实验成员接管仿真管理成员的功能，通过管控仿真联邦的运行，完成仿真实验。装备维修保障仿真实验原型系统总体结构如图 6-10 所示。

图 6-10　装备维修保障仿真实验原型系统总体结构

6.2.2 装备维修保障仿真实验原型系统功能设计

通过对装备维修保障仿真实验原型系统功能需求的分析，可以确定装备维修保障仿真原型实验系统的功能主要如下：

(1) 仿真实验参数设定功能。在装备维修保障仿真系统多分辨率仿真模型的基础上，抽取出所需分辨率层次的仿真实验参数和参数值，能够对这些仿真实验参数的种类和数量进行选定。

(2) 仿真实验设计功能。仿真实验设计功能主要用于产生仿真实验方案，要能支持多种实验设计方法的选择。此外，根据仿真实验分析人员设定的实验参数数量，能够设定所选定实验参数的水平以及水平的变化方式（按比例变化/按步长变化），可以设置单个仿真实验点的仿真运行次数。

(3) 评价指标设定功能。要求能够提供仿真评价指标的备选项，在仿真实验前，要可以在备选评价指标中选出一个或多个待分析的仿真实验评价指标，在仿真运行结束后，可分别选择待分析的评价指标作为分析对象，进行仿真实验分析。

(4) 任务管理功能。可以对装备使用任务模型进行管理，能将任务模型加载到仿真联邦中执行，以及控制最小任务单元工作状态更新，判断最小任务单元工作量、控制判断最小任务单元以上作战单元时序任务等任务执行过程中的控制功能。

(5) 仿真控制功能。需对装备维修保障仿真系统进行仿真开始控制、仿真结束控制，能够设置仿真实验点的实验次数，能够对仿真时间进行管理，完成对仿真时间同步、推进和回滚等的控制。

(6) 数据分析功能。根据评价指标的仿真统计计算模型，负责逐任务阶段或逐仿真次数的数据统计，所统计的数据应存储到相应的数据库表中，还需支持极差分析和方差分析等功能。

(7) 数据显示功能。将仿真实验统计的数据以规定的方式进行显示，能够将极差分析和方差分析结果用表格的形式进行展示，能够绘制灵敏度分析趋势图。

(8) 数据管理功能。提供对仿真实验数据的存储、查询、删除等维护和管理功能，例如以时间为索引，查询某个时间点前的仿真实验记录、某个时间点后的仿真实验记录、某两个时间点之间的仿真实验记录。

6.3 装备维修保障仿真实验原型系统实现

本节主要对基于 HLA 的装备维修保障仿真实验原型系统的主要功能实现进行详细说明。

1. 仿真实验启动

用户首先运行"仿真管理成员"界面,在"方案设置"区域选择作战想定和装备维修保障方案,然后在"仿真设置"区域设定进行仿真实验,接着在"联邦成员设置"列表框中选择要启动的联邦成员,勾选完毕后点击"确定",可以看到已勾选的联邦成员被添加进了"仿真网络设置"列表中,设置好每个联邦成员对应的 IP 地址后,可单击下方的"确定",联邦成员全部启动,或在每一行上右键选择"启动"来单独启动某个联邦成员。

2. 选择仿真实验参数和仿真实验设计方法

仿真实验成员自动抽取相应的仿真实验参数组成参数树状结构,选择待分析的仿真实验参数,需注意的是,在进行正交实验设计时,要保证待考查的实验影响因素的数量比所选择正交表的列数至少少 1。仿真实验参数选择只需要从参数树状结构上用鼠标勾选相应的实验参数节点即可。单击主界面上的"多因素"按钮,则会弹出多因素正交实验表选择对话框,包括常用的标准正交表和混合水平正交表两类。

3. 仿真实验参数水平设定

仿真实验参数选择完成后单击"确定"按钮,实验参数水平调整栏中会显示出所勾选的实验参数,在该栏目中通过手工设定实验参数变化方式(从下拉列表中选择)、区间下限、水平数、变化步长/比例,完成实验参数相应水平的设定。

4. 仿真实验点的仿真次数设定和评价指标选择

在仿真分析每个步长的仿真次数输入框中,填入每个实验参数水平组合的重复仿真次数,而后从选择评价指标栏中选择参与仿真实验分析的评价指标。

5. 仿真实验方案查看

点击视图→实验表,就可以查看当前仿真实验所设定的仿真实验方案表。此时单击选择评价指标栏下面的"确定"按钮,各个设置窗口将变成灰色不可用状态,再单击"开始分析"按钮,启动仿真联邦,开始仿真实验,单击"停止分析"按钮会暂停当前正在进行的仿真联邦。

6. 极差分析和方差分析

仿真实验分析所设定的总仿真次数结束后，停止仿真按钮会自动变灰，此时单击数据分析→极差分析，可进行极差分析。对于有多个仿真实验参数的仿真实验，进行完极差分析后，单击数据分析→方差分析，可接着进行方差分析。

7. 评价指标变化趋势折线图

在界面右侧绘图区的下方，选择评价指标后，单击"作图"按钮，则会在绘图区画出相应评价指标的折线图。

8. 历史数据查看

单击文件→打开历史记录，从弹出的数据过滤对话框中，选择一种时间过滤方式。如果不修改时间，一定要在时间编辑栏中单击一下，否则系统不会从数据中读取符合条件的历史记录数据。单击"确定"按钮后，则可以打开历史记录数据，进行所选仿真实验的相关记录查看。

需要说明的是，由于装备维修保障仿真实验原型系统开发工作量较大，还需使之与基于 HLA 装备维修保障仿真系统协调成为一个整体。目前所实现的功能还不完善，尤其是还没有实现直接进行均匀实验设计的功能，但可以根据设计好的均匀实验方案，选择全面仿真实验模式，此时只要设置每个仿真实验参数的水平数为1，并将所有待考查的仿真实验参数设置为所需水平值，这样便可逐个仿真实验点地运行均匀实验方案。后续将继续完善装备维修保障仿真实验原型系统的开发工作。

6.4 本章小结

本章依据装备维修保障仿真实验相关技术方法的研究成果，分析了装备维修保障仿真实验原型系统需求，并对装备维修保障仿真实验原型系统进行了设计，最后实现基于 HLA 的装备维修保障仿真实验原型系统。装备维修保障仿真实验原型系统的实现为装备维修保障仿真系统的评价与优化提供了工具支持。

参考文献

[1] Yang W M. Maintenance Scheduling for Critical Parts of Aircraft Simulation of Commercial Aircraft Reliability Proceeding[C]. Annual Reliability and Maintainability Symposium, 1991.
[2] 张柳,陈建辉,于永利. ERP实施过程中的影响因素分析[C]. 机械工程年会,2001(1):16 – 20.
[3] 綦海龙,何志德.装备维修任务模型研究[J].航空计算技术,2006(2):124 – 125.
[4] 王海军,都基焱.美军作战实验室建设研究[J].指挥控制与仿真,2011,33(2):112 – 119.
[5] 温万泉.论美军联合作战实验特点对炮兵作战实验室建设的启示[J].实验室研究与探索,2012,31(3):176 – 178.
[6] 胡晓峰,罗批,司亚光,等.战争复杂系统建模与仿真[M].北京:国防大学出版社,2005.
[7] 胡晓峰,司光亚,罗批,等.战争复杂系统与战争模拟研究[J].系统仿真学报,2005,17(11):2769 – 2774.
[8] KLEIJNEN J P C. 仿真实验设计与分析[M]. 张列刚,张建康,刘兴科,译.北京:电子工业出版社,2010.
[9] MONTGOMERY D C. 实验设计与分析[M]. 傅钰生,张建,王振羽,等译.北京:人民邮电出版社,2009.
[10] 李云雁,胡传荣.试验设计与数据处理[M].北京:化学工业出版社,2005.
[11] 夏之宁,谌其亭,穆小静,等.正交设计与均匀设计的初步比较[J].重庆大学学报(自然科学版),1999,22(5):112 – 117.
[12] 任露泉.实验优化设计与分析[M].2版.北京:高等教育出版社,2003.
[13] 王兆军.均匀设计在参数设计中的应用[J].南开大学学报(自然科学版),2000,33(2):57 – 60.
[14] 韩茂祥,韩之俊.均匀设计方法在望目特性三次设计中的应用[J].统计方法,1996,(5):42 – 44.
[15] 方开泰,马长兴.正交与均匀试验设计[M].北京:科学出版社,2001.
[16] 方开泰.均匀设计及其应用[J].数理统计与管理,1994,13(1):57 – 64.
[17] 方开泰,李久坤.均匀设计的一些新成果[J].科学通报,1994,39(21):1921 – 1924.
[18] 方开泰,马长兴,李久坤.正交设计的最新发展和应用(Ⅱ):均匀正交设计[J].数理统计与管理,1999,18(3):43 – 50.
[19] KLEIJNEN J P C. Design and Analysis of Simulation Experiments[M]. Spring Science and Business Media, 2007.
[20] KLEIJNEN J P C. Forty Years of Statistical Design and Analysis of Simulation Experiments[C]. Proceedings of the 2005 Winter Simulation Conference, 2005.
[21] MCKEY M D, BECKMAN R J, CONOVER W J. A Comparison of Three Methods for Selecting Values of

Input Variables in the Analysis of Output from A Computer Code[J]. Technimetrics, 1979, 21(2):239 – 245.

[22] 张里千. 关于正交设计与均匀设计的比较(Ⅰ)[J]. 数理统计与管理, 1995, 14(1):25 – 29.
[23] HERNANDEZ A, LUCAS T W, CARLYLE M. Constructing Nearly Orthogonal Latin Hypercubes for Any Nonsaturated Run – variable Combination[J]. ACM Transactions on Modeling Computer Simulation, 2012, 22(4).
[24] HERNANDEZ A S, LUCAS T W, SANCHEZ P J. Selecting Random Latin Hypercube Dimensions and Designs Through Estimation of Maximum Absolute Pairwise Correlation[C]. Proceedings of the 2012 Winter Simulation Conference, 2012.
[25] TROCINE L, MALONE L C. An Overview of Newer Advanced Screening Methods for the Initial Phase in an Experimental Design[C]. Proceedings of the 2001 Winter Simulation Conference. 2001: 173 – 176.
[26] SCANCHEZ S M, WAN H, LUCAS T W. Two – Phase Screening Procedure for Simulation Experiments[J]. ACM Transaction on Modeling and Computer Simulation, 2009, 19(2):7:1 – 7:24.
[27] 胡剑文, 常青, 张岱, 等. 作战仿真实验设计与分析[M]. 北京:国防工业出版社, 2010:15 – 83.
[28] 徐享忠, 汤再江, 于永涛, 等. 作战仿真试验[M]. 北京:国防工业出版社, 2013.
[29] TOMOVIC' R. Sensitivity Analysis of Dynamic Systems[M]. NewYork: McGraw Hill, 1963.
[30] CUKIER R I, FORTUIN C M, SHULER K E, et al. Study of the Sensitivity of Coupled Reaction Systems to Uncertainties in Rate Coefficients[J]. Chemical Physics, 1973, 59:3873 – 3878.
[31] Morris M D. Factorial Sampling Plans for Preliminary Computational Experiments[J]. Technometrics, 2012, 33:161 – 174.
[32] SOBOL' I M. Theorems and Examples on High Dimensional Model Representation[J]. Reliability Engineering and System Safety, 2003, 79:187 – 193.
[33] SALTELLI A. Making Best Use of Model Evaluations to Compute Sensitivity Indices[J]. Computer Physics Communicaitons, 2002, 145:280 – 297.
[34] SALTELLI A, ANNONI P, AZZINI I, et al. Variance Based Sensitivity Analysis of Model Output. Design and Estimator for the Total Sensitivity Index[J]. Computer Physis Communications, 2009, 181:259 – 270.
[35] TARANTOLA S, NARDO M, SAISANA M, et al. A New Estimator for Sensitivity Analysis of Model Output: An Application to the E – business Readiness Composite Indicator[J]. Reliability Engineering and System Safety, 2005, 91:1135 – 1141.
[36] SOBOL' I M, TARANTOLA S, GATELLI D, et al. Estimating the Approximation Error when Fixing Unessential Factors in Global Sensitivity Analysis[J]. Reliability Engineering and System Safety, 2006, 92:957 – 960.
[37] SALTELLI A, TARANTOLA S, CHAN K P S. A Quantitative Model Independent Met Hold for Global Sensitivity Analysis of Model Output[J]. Technometrics, 1999, 41:39 – 56.
[38] BOLADO – LAVIN R, CASTAINGS W, TARANTOLA S. Contribution to the Sample Mean Plot for Graphical and Numerical Sensitivity Analysis[J]. Reliability Engineering and System Safety, 2008, 94:1041 – 1049.
[39] THOMAS H, HEIKE W, WILFRIED K. Global Sensitivity Analysis of Nonlinear Mathematical Models – An Implementation of Two Complementing Variance – based Algorithms[C]. Proceedings of 2012 Winter Simulation Conference WSC Goes Europe, 2012:1 – 12.

[40] STEFANO T, WILLIAM B, DIRK Z. A Comparison of two Sampling Methods for Global Sensitivity Analysis[J]. Computer Physics Communications,2012, 183:1061 - 1072.

[41] RABITZ H, ALIS O F, SHORTER J, et al. Efficient Input - output Model Representations[J]. Computer Physics Communications, 1999(117):11 - 20.

[42] TARANTOLA S, GATELLI D, MARA T A. Random Balance Designs for the Estimation of First Order Global Sensitivity Indices[J]. Reliability Engineering and System Safety, 2005,91:717 - 727.

[43] TARANTOLA S, KODA M. Improving Random Balance Designs for the Estimation of First Order Sensitivity Indices[J]. Procedia - Social and Behavioral Sciences, 2010(2):7753 - 7754.

[44] 吴志伟, 宋汉周. 基于全局灵敏度分析的大坝温度场影响因子探讨[J]. 水利学报, 2011,42(6):737 - 742.

[45] 汪宏伟, 汪玉, 赵建华. EFAST 法在管路系统冲击响应中的应用研究[J]. 振动与冲击, 2010, 29(4):197 - 199.

[46] 谷良贤, 仇理宽, 龚春林. 全局灵敏性分析方法的研究[J]. 航空计算技术, 2011, 41(1):1 - 4,13.

[47] MCKELVEY B. Organizational Systematics:Taxonomy, Evolution, Classification[M]. Berkeley:University of California Press, 1982.

[48] DAVIS P K. Exploratory Analysis Enabled by Multiresolution, Multiperspective Modeling[C]. Proceedings of the 2000 Winter Simulation Conference, 2000.

[49] DAVIS P K, MCEVER J,WILSON B. Measuring Interdiction Capabilities in the Presence of Anti - Access Strategies:Exploratory Analysis to Inform Adaptive Strategy for the Persian Gulf [Tech. Rep:MR - 1471] [R]. Santa Monica, USA:RAND Corporation,2002.

[50] BROOKS A, BENNETT B. Weapons Mix and Exploratory Analysis:A Case Study[R]. Santa Monica, CA:RAND, 2002.

[51] DAVIS P K, HILLESTAD R. Exploratory Analysis for Strategy Problems With Massive Uncertainty[M]. Santa Monica, CA:RAND, 2001.

[52] SHLAPAK D A, ORLETSKY D T, WILSON B A. Dire Strait Military Aspects of the China - Taiwan Confrontation and Options for U. S. Policy[M]. Santa Monica, CA:RAND, 2000.

[53] 阳东升, 张维明, 刘忠,等. C2 组织的有效测度与设计[J]. 自然科学进展, 2005,15(3):349 - 356.

[54] 杨镜宇, 司光亚, 胡晓峰. 信息化战争体系对抗探索性仿真分析方法研究[J]. 系统仿真学报, 2005,6(17):1469 - 1472,1496.

[55] 曾宪钊, 蔡游飞, 黄谦,等. 基于作战仿真和探索性分析的海战效能评估[J]. 系统仿真学报, 2005,3(17):763 - 766.

[56] 李兴兵, 谭跃进, 杨克巍. 基于探索性分析的装甲装备体系效能评估方法[J]. 系统工程与电子技术, 2007,29(9):1496 -1499.

[57] 雷永林, 赵新, 张伟,等. 探索性分析工具 EASim 的设计与实现[J]. 国防科技大学学报, 2011,33(3):99 - 104.

[58] 徐华, 张庆捷, 郭强,等. 打击时敏目标对火力反应时间需求的探索性分析[J]. 运筹与管理, 2014, 23(6):157 - 162.

[59] 《运筹学》教材编写组. 运筹学[M]. 北京:清华大学出版社, 2009.

[60] 庞善起. 正交表的构造方法及其应用[D]. 西安:西安电子科技大学, 2003.

[61] LEUNG Y W, WANG Y P. An Orthogonal Genetic Algorithm with Quantization for Global Numerical

Optimization [J]. IEEE Transactions on Evolutionary Computation, 2001, 5(1):41 - 53.

[62] SIMPSON T W, BOOKER A J, GHOSH D, et al. Approximation Methods in Multidisciplinary Analysis and Optimization: A Panel Discussion[J]. Structural and Multidisciplinary Optimization, 2004, 27(5):302 - 313.

[63] BETTONVIL B, KLEIJNEN J P C. Searching for Important Factors in Simulation Models with Many Factors: Sequential Bifurcation[J]. European Journla of Operational Research, 1997(1):180 - 194.

[64] WAN H, ANKENMAN B E, NELSON B L. Simulation Factor Screening with Controlled Sequential Bifurcation in the Presence of Interactions[J]. Informs Journal on Computing, 2008.

[65] 顾胜, 魏蛟龙, 皮德常. 一种粒子群模糊支持向量机的航天器参量预测方法[J]. 宇航学报. 2014. 35(11): 1270 - 1276.

[66] 杨勃. 优化样本分布的最接近支持向量机[J]. 电子学报, 2014. 42(12):2429 - 2434.

[67] MINGGANG D, NING W. Adaptive Network - based Fuzzy Inference System with Leave - one - out Cross - validation Approach for Prediction of Surface Roughness[J]. Applied Mathematical Modeling, 2011, 35(3):1024 - 1035.